ChatGPTは世界をどう変えるのか

佐藤一郎
国立情報学研究所教授

804
中公新書ラクレ

目次

第4章　リスクと弱点 ―― 103

第７章 国際社会はどう受け入れるのか——187

はじめに

２０２２年11月30日、オープンＡＩがＣｈａｔＧＰＴを提供しましたが、その直後から、「何やらスゴイ機能が登場したらしい」と話題になりました。さらに２０２３年３月14日に、新しい学習モデルであるＧＰＴ４が公表されると、米国統一司法試験の合格点を上回るだけでなく、人間の合格者の上位10％に入るスコアを獲得したとされ、専門的な文章も生成できることが示されました。

さて、先端のＡＩに多少の知見のある方ならば、ＡＩによる英語や日本語の自然言語の生成技術が発展していることは承知していたはずです。ただＡＩが作った文章は間違いも多く、不自然な表現が散見していました。また、そもそもお手軽に使える技術ではありませんでした。それがＣｈａｔＧＰＴの登場で、生成される文章の品質が進化し、さらに誰でもそれを享受できるようになりました。このため、ＡＩ研究者やＩＴ業界の方々だけでなく、様々な人がＣｈａｔＧＰＴを使い始めました。

その結果、ＣｈａｔＧＰＴに関するメディアの報道も増えていきます。２０２２年12月中旬になると一般のメディアにも取り上げられはじめ、著者もＮＨＫや民放などの取材を受けることになりました。年明け後もＣｈａｔＧＰＴは爆発的なブームとなり、２０２３年４月、ＣｈａｔＧＰＴを手掛けた米企業オープンＡＩのサム・アルトマンＣＥＯが来日、岸田首相と会談を行うと、メディアでも大々的に報じられました。

ビジネス誌を中心にあらゆる雑誌がＣｈａｔＧＰＴ、特にその使い方を紹介する特集を組みましたが、軒並み売り上げを伸ばしたそうです。

ＣｈａｔＧＰＴは２０２３年３月１日からウェブＡＰＩの提供を開始しました。ウェブＡＰＩとは、サービスの機能を、他のサービスやアプリケーションから呼び出す方法なのですが、ＣｈａｔＧＰＴのウェブＡＰＩを利用することで、アプリケーションやサービスが自然言語を扱うときにＣｈａｔＧＰＴの機能を使えるようになりました。その結果、提供開始からひと月を過ぎるころには多種多様なサービスが雨後のタケノコのように発表・提供され、いまも増え続けています。

この結果、ＣｈａｔＧＰＴはひとつのエコシステムを構築している段階に至っているとみるべきでしょう。エコシステムとは、業界同士や製品、サービス、プロダクトなどが連携し、大きな利益構造を構成した状態のことです。ご存じのようにエコシステムが一旦構築されると、エコシステムを活かしたビジネスが集まり、拡大・発展していくことになります。

このようにChatGPTを利用する、多様なサービスやアプリーションが集まってくる状況は、スマートフォンが登場して、スマートフォン向けアプリケーションや関連ビジネスが次々と生まれたときを彷彿させます。

今後、ChatGPTをはじめとする「生成AI」の利用は広がり、むしろ生成AIを利用しないことの方が難しくなるでしょう。

マイクロソフトはオフィスソフトウェア、つまりワープロや表計算ソフトに「Copilot（副操縦士）」という名称で生成AIを組み込むことを発表しており、将来的にはパソコンを使っていると知らないうちに生成AIを使っていることになるでしょう。

また、アマゾンの「Alexa」やアップルの「Siri」などのスマートスピーカーや音声エージェントも、生成AIにより、自然な会話を目指すはずです。今後、生成AIを使わないということの方が難しくなるでしょう。

さてＣｈａｔＧＰＴは「生成ＡＩ」の中でも「対話ＡＩ」と呼ばれますが、画像に関する「生成ＡＩ」、つまり「画像生成ＡＩ」を含めて、生成ＡＩはブームといえる状況です。

しかし、ブームを前に冷静さを保つのは大変で、「とにかくすごい」「早く導入しなければ世間の流れからおいていかれる」「バスに乗り遅れるな」と考えがちです。

このため、今はＣｈａｔＧＰＴに関する書籍が溢れており、「こんなふうにＣｈａｔＧＰＴに指示すれば思った出力ができます！」と指南するハウツーものから、業界の動向、ＡＩの将来を予測するものまで、数多く発売されています。

その中で本書の存在価値は、ブームに浮かれず、冷静にＣｈａｔＧＰＴのような対話ＡＩ、生成ＡＩの効果と影響を考える点にあります。使い方を解説する「ハウツー本」ではありません。

新しい技術が登場するとその技術で何ができるのか、どのように使うのかが気になります。ただし、技術の可能性、そして限界は技術そのものの原理や仕組みを理解することで、自ずと見えてくることは多いものです。そこで本書では第１章で生成ＡＩの仕組みについて解説します。ただ、非技術的に解説しますのでその点はご安心ください。

さて、生成ＡＩは新しい技術であり、これまで想定しなかったような応用が期待されます。特に文章を作成する対話ＡＩは、文章の生成や要約などの業務の効率化を可能にするはずです。第2章では、想定されるであろう、生成ＡＩの応用を紹介していきます。

しかし、特定の業務だけの効率があがることは、他の業務においてむしろ負担を増やしてしまい、全体としては生産性を下げることもあります。生成ＡＩで文章が増えれば、その読み手の負担は増えます。

電子メールは情報交換を効率化しましたが、その結果、数多くのメールへの対応に追われるようになりました。同様に、生成ＡＩによる効率化は、その結果、むしろ我々を忙しくするかもしれません。また、生成ＡＩを駆使して生成した大量の文章を人間は読み切れず、生成ＡＩを駆使して要約してから読むという事態も起きえます。第2章では応用可能性だけでなく、留意する点も述べていきます。

生成ＡＩはその特性と限界を理解した上で使えば、世の中に変革をもたらすような強力な技術として、現実世界の多様な問題を解決し、我々の生活を便利にしてくれます。

しかし、多くの強い薬には副作用があるように、強力な技術は副作用や弊害も出やすくなります。生成ＡＩの利用ではその副作用を無視すべきではありません。

また、「ＡＩの副作用」「ＡＩの負の側面」というと今度は一足飛びに「人類を超える」「暴走する」というイメージを持つ方も少なくありません。しかしこれも本書で解説する通り、あまりに飛躍した議論であり、現状ではＳＦの世界そのものです。

こうした、「人類を超える（シンギュラリティ）」ようなはるか先の心配をするよりもずっと手前に、ＣｈａｔＧＰＴのような対話ＡＩ、生成ＡＩによって起こる、私たちの生活に直結する社会の変化が数多くあります。

第３章では生成ＡＩがインターネットに与える影響を解説します。生成ＡＩはしばしば、ウェブ検索と対比されることが多いですが、生成ＡＩはウェブ検索に大きな影響を与えるだけでなく、今のネット社会を破壊する可能性もあるのです。

日本ではなぜか、ＡＩの暴走を危惧する一方で、現実的に起こりうる問題を指摘すると「余計なことを言うな」「水を差すな」「後ろ向きすぎる」「規制賛成論者か」などと、ＡＩ推進論者のみならず、世間からもお叱りを受けかねないような風潮すらあります。

メディアも、特にブームのさなかにあっては懸念についてはあまり取りあげず、前向きな可能性についての言及を採用する傾向があります。

しかし弱点や起こりうる問題、国際社会の動向を知らずして、生成ＡＩを真の意味で使いこなすことはできません。

ＣｈａｔＧＰＴを含む生成ＡＩにはさまざまなリスクがあります。具体的には、しばしば指摘されるような企業秘密や個人情報の漏洩、フェイク情報の作成、著作権などの権利侵害だけではなく、生成ＡＩの出力には誤りが多いこと、出力の偏向などがあげられます。その利用に関わる議論では、生成ＡＩの効用や利便性だけが注目されがちですが、リスク対策のコストを含めて考えられるべきです。

第４章では、生成ＡＩを導入したときに起きている、あるいは起こり得て、多くの利用者が直面するリスクや問題を丁寧に掬っていきます。そのリスクや問題は生成ＡＩの原理・仕組みに起因することが多く、第４章の説明では、リスクを列挙するだけでなく、生成ＡＩの仕組みに基づきながら、どうしてリスクが生じるのか、リスク対策はどうあるべきかを解説します。

生成ＡＩリスクのうち、著作権などの知的所有権に関わる問題や、個人情報の漏洩などは、法制度と関わる問題となります。これらについては、第5章で詳細に議論します。著者は純粋に技術屋ですが、個人情報保護法の改正作業やOECDのルール作りなどに関わっており、その経験を含めて解説していきます。

ところで筆者自身も2023年に入ってから、まったく期せずしてChatGPTのブームに巻き込まれた一人です。取材対応のために、生成AIについて、さらに知見が付いた部分があることは否定できません。さてそのメディア取材で頻繁に尋ねられた質問は、「子供の読書感想文をChatGPTに書かせていいのか」と「AIは仕事を奪うのか」いうものでした。

どちらもメディアの関心事を反映している点で興味深い質問なのですが、まず感想文の方は、今後、AIはいたるところで使われることを考えると、AIを使うべきか否かを子供自身が判断できる能力を育成することのほうが大切なはずです。

AIが仕事を奪うかについても、企業経営の観点からいえば、人間の仕事を奪えないようなAIを導入するメリットはありません。

一方で歴史的にみると、これまで数多くの技術進歩がありましたが、技術進歩は仕事をなくす可能性がある一方で、大量失業を生むわけではありませんでした。というのは技術進歩が新しい仕事を生むからであり、また従前の仕事がなくなるまでには時間がかかるので、労働者は仕事がなくなる頃には別の仕事に移行しているからです。

短期的な影響を心配するのであれば、仕事の内容の変化と所得への影響でしょう。ホワイトカラーの仕事では文章作成は大きなウェイトを占めていましたが、生成ＡＩが文章を生成するようになれば、ホワイトカラーの仕事はＡＩが生成した文章のチェックと修正に変わります。

収入への影響についても、ＡＩが直接影響するだけでなく、ＡＩが新規参入を容易化して、競争が激しくなることによる影響の方が大きいでしょう。これらは第６章で詳細に議論します。

技術屋である当方からは残念な告白ですが、生成ＡＩがもたらす負の影響のなかで、技術だけで解決できないものもあります。例えば生成ＡＩを使ってフェイク情報が乱造される事態が問題視されています。しかし、生成ＡＩ側でフェイク情報の生成を完全に制限することは困難です。従って他の手段に頼るしかなく、その手段の一つは法律を含む規制となります。

海外に目を向けると、本書の執筆時点では、ＥＵはＡＩを規制するための法律が成立直前というべき状態にあります。また米国は、法律の制定は指向していないものの、ＡＩを提供する事業者やＡＩを利用する事業者には強い自主規制をもとめ、その自主規制に政府が積極的に関与する方向に向かっています。

第７章では海外の事業者と規制動向についても言及していきますが、世界は日本とは違ってＡＩに対する規制強化に舵を切っています。

日本はというと、規制とイノベーションは相反するという考え方を取りがちで、ＡＩへの規制には否定的な風潮です。例えば自動車も道路交通法などの規制がなければ怖くて走らせることはできません。一定の規制をかけなければ利用が進まないという現実もあります。

海外がＡＩ規制に動いている状況では、海外のＡＩ規制に準拠していなければ、ＡＩそのものだけでなく、ＡＩを利用した商品やサービスも海外展開や輸出ができなくなります。従って、ＡＩ規制に背を向けるのではなく、ＡＩ規制への準拠を可能にするイノベーションが必要です。

こうした規制については第7章で議論することとします。

生成AIは日進月歩です。実際、本書の執筆中も新しい技術が登場し、規制動向も変化しています。第8章では生成AIの今後と、第3章で触れなかった生成AIのより大きな影響について議論します。

これからの生成AI関連の話題を考える際には必須の、生成AIを使ったビジネスや、職場での利用、国内外の企業や研究機関、その他産業で何が起きるかについて見通せる内容になるようにしています。

さてイントロダクションはこれぐらいにしましょう。生成AIは組織はもちろん、我々一人ひとりに大きな効用をもたらすでしょう。一方で生成AIは生まれたばかりの技術であり、多様なリスクや課題が残されています。生成AIを活用にするには、そうしたリスクや課題と向き合わないといけません。本書では生成AIがもたらすポジティブな影響だけでなく、ネガティブな影響も概説していきます。読者の皆様がAIと付き合うとき、本書が資するものになれば幸いです。

ChatGPTは世界をどう変えるのか

第1章

ChatGPTのしくみ

これほどに注目された理由

「生成ＡＩ（または生成系ＡＩ）」は、英語ではGenerative AIといい、文章や画像、音楽などのコンテンツを生成する学習能力があるＡＩを指します。

ＣｈａｔＧＰＴは「生成ＡＩ」に分類されるサービスですが、文章生成に特化しており、さらに「Ｃｈａｔ」という言葉が示すように、本来はＡＩとの対話を目的としています。このため、「対話ＡＩ（または対話型ＡＩや対話式ＡＩ）」と呼ばれることが多いです。

対話ができるＡＩはＣｈａｔＧＰＴが初めてではありません。むしろＡＩの歴史の中では古い分野といっていいでしょう。それではなぜ、ＣｈａｔＧＰＴがこれほど注目されたのでしょうか。

ＣｈａｔＧＰＴが大きな話題になり、使われたのは、大きく三つの理由、「高精度」「手軽さ」「汎用性」があると考えられます。

まず「高精度」ですが、ＣｈａｔＧＰＴは利用者の質問に対し、対話形式で、あたかも人間と会話しているかのように自然かつ多様な文章を生成することができます。従来の対話ＡＩは、型どおりの回答しかできないか、言語的に支離滅裂な文章を返すのが精いっぱいでした。そのことを考えれば、飛躍的な進化といえます。

もちろんＣｈａｔＧＰＴの出力も間違いが多いのですが、ＣｈａｔＧＰＴの元となったTransformerなどの既存技術と比べれば、間違いは減っています。その高精度から、多くの方がＣｈａｔＧＰＴの文章生成能力はビジネスで使えるレベルにあると感じたのでしょう。

次に「手軽さ」ですが、本来、最先端のＡＩ技術を使うのは簡単ではありません。利用するためにはＡＩのプログラム本体だけでなく、多数のライブラリなどの周辺ソフトウェアのインストールが必要で、専門家でも苦労します。さらに大規模な訓練データを確保する必要がありますし、ＡＩに何らかの応用をさせるための使いやすいアプリケーションも必要ですが、それも手元にあるとは限りません。

ところがＣｈａｔＧＰＴの登場により、専門知識がなくても――つまり誰でも――最先端のＡＩと、極めて大規模な訓練データによる学習モデルによる文章生成を、ウェブサイトで文章を入れるだけで利用できるようになりました。これは実に画期的なことです。

このほか、使い勝手に関わりますが、文章生成の速さも重要です。ＣｈａｔＧＰＴの文章生成は、単語が少しずつ出力される状態ですが、用途によっては十分に実用になりうる範囲といえます。

最後に、「汎用性」はあまり注目されることはありませんが、これこそがＣｈａｔＧＰＴの高い有用性と、ＣｈａｔＧＰＴがエコシステム（経済的な共存関係）の構築を可能にした背景です。

ＣｈａｔＧＰＴは世界中のウェブから様々な文章を学習しています。その結果、法律に関わる文章や、医療に関わる文章など、様々な分野の文章を書くことができます。これにより、各々の関心事が違うであろう、多くの方々が、広くＣｈａｔＧＰＴを使うことになりました。

ＣｈａｔＧＰＴには分野だけでなく、タスクに関する汎用性もあります。ＣｈａｔＧＰＴは「対話ＡＩ」と呼ばれるように、対話というタスクを実現するＡＩです。しかし、ＣｈａｔＧＰＴは対話だけでなく、要約や翻訳などの多様なタスクをこなすことができます。後述するように、ここにはＣｈａｔＧＰＴならではの工夫があります。

ＣｈａｔＧＰＴは汎用性があるからこそ、ひとまずＣｈａｔＧＰＴを使えるようになれば誰もが様々な文章を作ることや様々なタスクを行うことができます。サービスなどがＣｈａｔＧＰＴに対応すれば、そのサービスはより多様な人に使ってもらえる、ということになり、多くの利用者、多くの事業者が集まることになります。ＣｈａｔＧＰＴは、すでにエコシステムを作っていると言っていいでしょう。一般論として、用途を限定したものにはエコシステムは成立しにくく、エコシステムが成立するには汎用性が重要と言えます。

これまでにも対話ＡＩに類するサービスはリリースされてきましたが、第３章で説明するようにＣｈａｔＧＰＴと比べて対話内容が制限されていることや、サービスを提供している間に品質が低下することが多かったのが実態です。その点、ＣｈａｔＧＰＴは品質を維持していることにも、大きな優位性があります。

「ノルウェー↓の↓森↓は……」

ＣｈａｔＧＰＴを使うにしても、ＣｈａｔＧＰＴの応用可能性を占うにしても、Ｃｈａｔ

GPTの仕組みを理解しておくことは重要です。

では、ChatGPTはどのように動いているのでしょうか。ChatGPTは学習モデルを作る準備フェーズとその学習モデルを使って文章を作るフェーズにわかれます。

その準備フェーズでは、まず世界中のウェブから学習対象となる大量の文章を集め、さらに厳選したものを訓練データ、つまり学習モデルを作るためのデータにしています。ChatGPTのGPT3という学習モデルでは、570GB分の文章を訓練データとして利用した、と公表されています。

そして文章データにおける単語と単語の接続関係を調べて、ある単語のあとにどんな単語が続くかを確率的に表したデータ構造を作ります。これが学習モデルにあたります。実際の学習モデルは非常に大規模かつ複雑で、専門家でも理解できないので、ここでは図1のように簡略化した学習モデルで説明していきます。

例えば「ノルウェー」という単語のあとに「の」が続く確率や、「は」が続く確率などを調べます。そして、さらにその「の」や「は」の後に続く単語とその確率を調べていき、巨大なグラフにしたものが学習モデルと考えればわかりやすいでしょう。

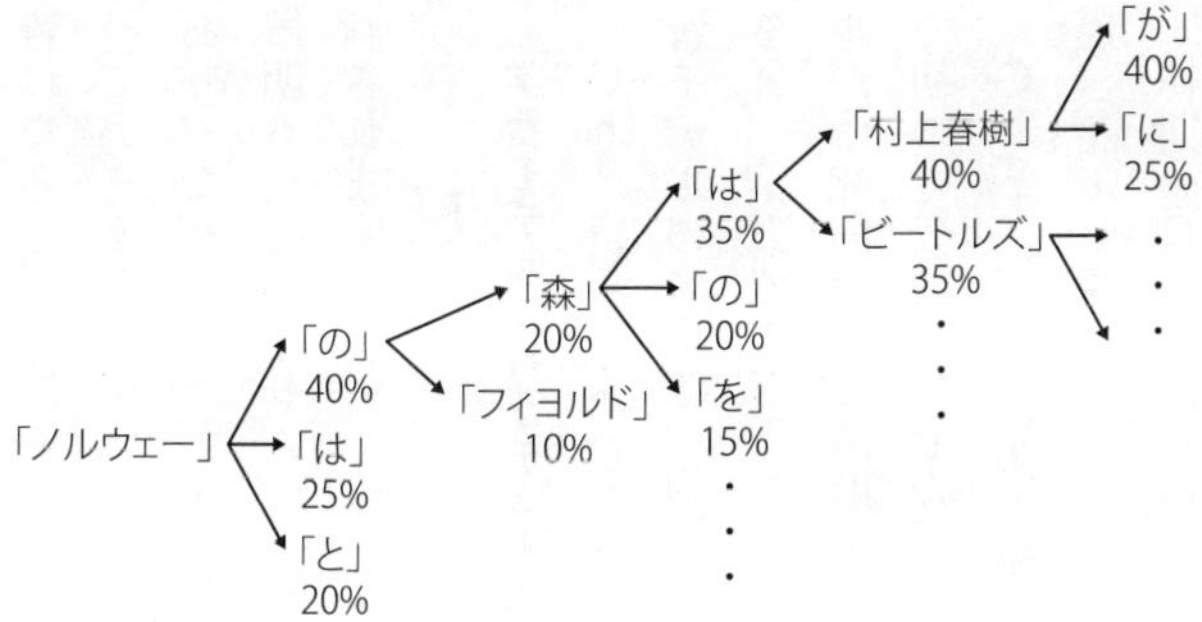

図1　ChatGPTの学習モデル（簡略図）

次に文章の生成フェーズを考えましょう。生成の仕方は、文章またはその断片に続く単語を、学習モデルを使って予測することを繰り返すというものです。

例えば利用者の入力の文末が「ノルウェー」という単語だった場合、学習モデルから次は「の」だと予想します。さらにその「の」の後に続く単語を予想していくということを繰り返して、文章を生成していきます。もちろん、実際の学習モデルは複雑であり、さらに利用者の入力の最後の単語だけでなく、その前に現れる単語も調べることで、生成する文章の精度を高めています。

いずれにしても現在のChatGPTの学習モデルは単語と単語の接続を確率的に表しているだけであり、意味を理解したうえで単語と単語を繋いでいるわけではありません。しかし、その学習モデルがある程度複雑になると、人間のような文章が書けることになるのです。やや歯切れの悪い説明になっていますが、生成ＡＩの根幹技術である深層学習の原理が完全に見えていないこともあり、なぜ学習モデルが複雑になると自然な文章が生成できるのかは、いまだ完全には解明されていません。それはＣｈａｔＧＰＴを開発したオープンＡＩも変わらないと推測されます。

学習モデルが行うチューニング

ＣｈａｔＧＰＴのＣｈａｔは対話やおしゃべりという意味の英単語で、ＧＰＴはその学習モデルの名称で、Generative Pre-trained Transformer の頭文字を取ったもの。直訳すると、「事前学習をする生成的な変換機」となります。ここでの Transformer はグーグルが研究開発した深層学習による自然言語の生成ＡＩで、２０１７年に発表された論文で初めて登場したものです。

ＣｈａｔＧＰＴに限らず、生成ＡＩはその学習モデルが大規模となることから、大規模言語モデル、ＬＬＭ（Large Language Models）と呼ぶことがあります。

初期のＣｈａｔＧＰＴで使われていた学習モデルＧＰＴ３の場合、前述のように５７

0GBの文章を訓練データとして用いて、1700億個を超えるパラメータからなる学習モデルを構築しています（最新のGPT4のパラメータは非公開）。ここでの「パラメータ数」とは、学習モデルを構成するニューラルネットワークの状態の数を表しますが、人間の脳におけるシナプスの数だと思っていただければよいでしょう。

ではウェブから大量の文章データを集めて、それを訓練データとして大規模な学習モデルを構築すれば、ChatGPTと同等のAIが作れるのでしょうか。残念ながらその答えはノーのはずです。

というのは、ウェブの文章を訓練データとして学習モデルを構築しても、生成される文章の精度や汎用性はいずれも高くないはずだからです。ChatGPTは学習モデルのいくつかの調整（チューニング）と利用者の入力を改変・拡張することで、学習モデルを補っています。

例えば、ChatGPTは「対話」というタスクを行うことができます。しかし、ウェブの文章の多くは説明的な文章であり、それを学習して構築された学習モデルは、説明的な文章は生成できても、対話的な文章を生成できるわけではありません。

そこでChatGPTでは、図2の学習モデルの調整1のように、人間が対話的な文章、つまり話す側とそれを受けて答える側の文章の組み合わせからなる、模範文例を大量に用意して、学習モデルの構造やパラメータ値を変えることで、対話的な文章を作れるようにしています。なお、こうした模範文例を作るにはＡＩの知見より、言語学的な知見が必要であることに留意しておくべきでしょう。

タスクに話を戻せば、対話と同様に要約や翻訳などのタスクも、ウェブの文章を訓練データにしただけの学習モデルでは難しいはずです。これも対話の例文と同様に、おそらく要約や翻訳の大量の模範例文を人間が作って、学習モデルを変形していると想像されます。先にＣｈａｔＧＰＴの「汎用性」について説明しましたが、この汎用性が実現されているのも、タスクごとに学習モデルを調整した結果なのです。

さて、多様なタスクができる学習モデルとなりますが、この段階での問題は、生成する文章に事実関係の間違いが多い点です。

もちろん、図２の学習モデルの調整２において、間違いを減らす工夫をしてはいます。具体的には学習モデルに文章を生成させるとき、ひとつではなく、複数の文章を生成させ、人間がその中から、一番よいものはこれ、次はこれ、というようにスコアリング作業を人海戦術的に行い、そのスコアリング結果で、学習モデルの構造やパラメータ値を

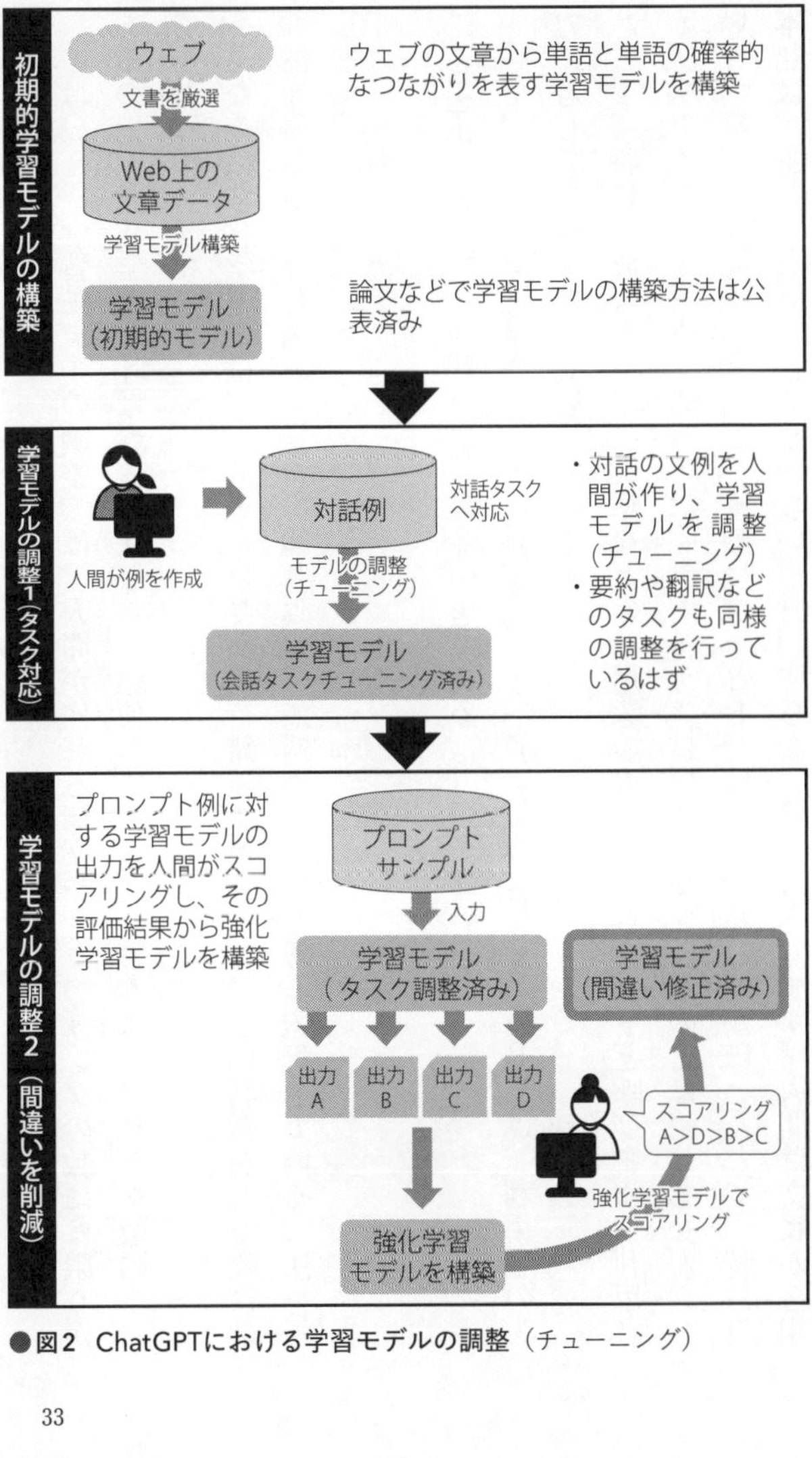

●**図2　ChatGPTにおける学習モデルの調整**（チューニング）

調整します。

とはいえ、学習モデルの調整では、人間が作れる例文やスコアリングの数には限りがあるので、強化学習と呼ばれる方法などを駆使して、人間によるスコアリング数の少なさを補っています。

ちなみに強化学習とは、システム自身が試行錯誤を繰り返し、よい判断をした際には報酬を得るという仕組みで学習を繰り返し、最適な制御や処理を選択していく方法を指します。

「日本の首都は」と訊かれ「東京です」と答える

さて、ここまでは学習モデルに対する工夫でしたが、ＣｈａｔＧＰＴは、利用者の入力に対しても様々な工夫をしています。

ＡＩ、特に生成ＡＩでは、文章などの利用者の入力をプロンプトと呼びます。利用者が入力したプロンプトそのものは、学習モデルには扱いやすいものとは限りません。というのは、人間同士の会話というのは文章としては不完全なことがほとんどで、特に日本語は、主語がない、目的語がない、動詞すらない場合もあります。人間は文脈から相手の意図や、文章として足りない部分を補えますが、学習モデルではそれができません。

そこでChatGPTでは、プロンプトをそのまま学習モデルに与えて続きの文章を生成させるのではなく、図3のように、そのプロンプトを改変・拡張してから、学習モデルにより文章生成させています。その改変・拡張の仕方は公表されていませんが、いくつかのプロンプトの改変・拡張を推測しましょう。

例えば「日本の首都は」という文章をプロンプトとしてChatGPTに渡した場合を考えてみましょう。人間であれば「日本の首都は」と話しかけられれば、首都の地名を訊いているのだと考えて、「東京です」と答えるのではないでしょうか。

しかしこうした回答は、学習モデルだけでは難しいのが実態です。ChatGPTの学習モデルは与えられた文章の続きの文章を生成するだけですから、「日本の首都は」というプロンプトに対しては、その続きとして「人口が多いです」などと返すことが予想されるのです。

しかしChatGPTは「日本の首都は東京です」という旨を返してきます。おそらく「日本の首都は」のあとに「どこですか」などの文章を追加したプロンプトに変えてから、学習モデルにそのプロンプトの続きの文章を作らせていると推測されます。

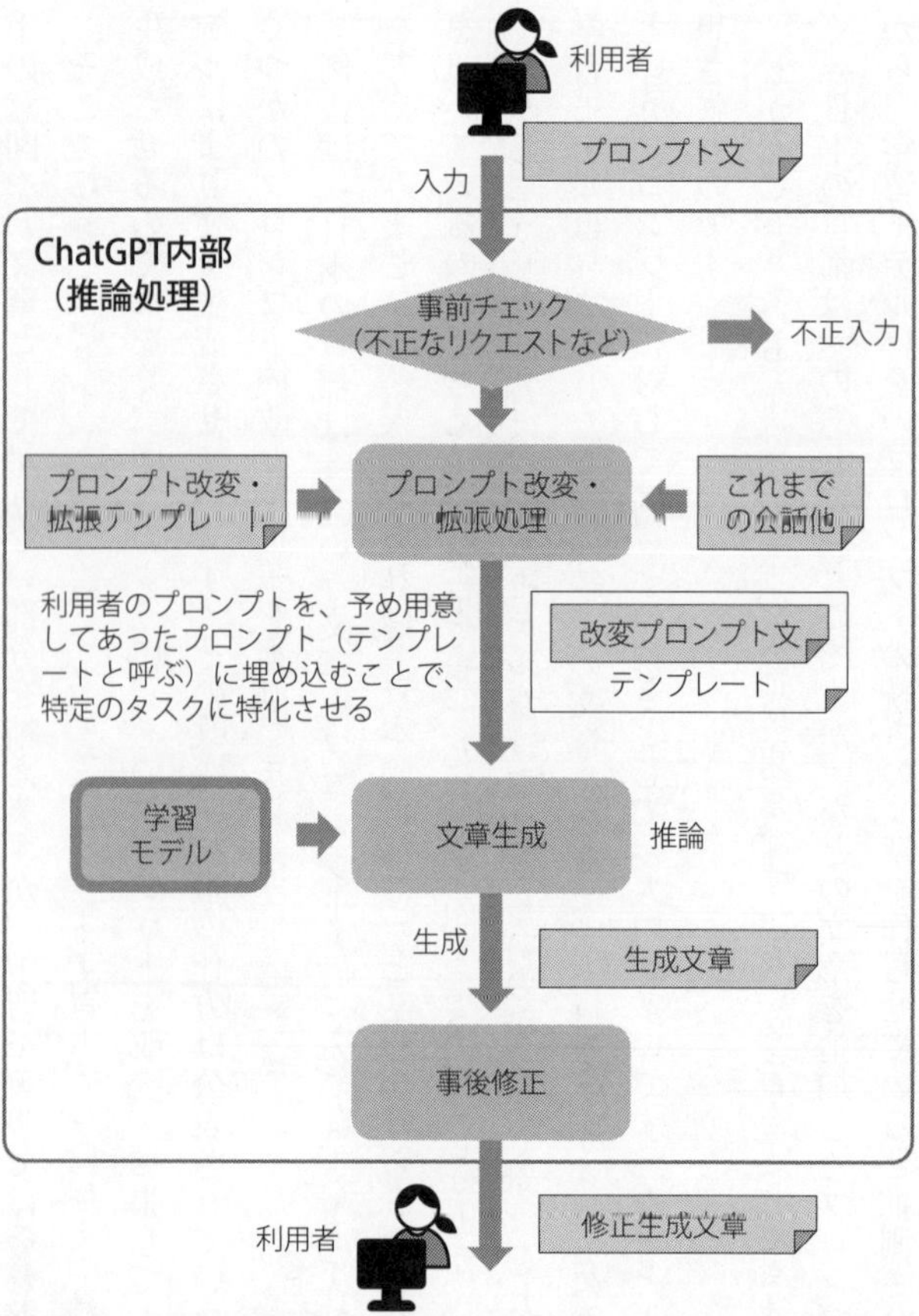

●図3　ChatGPTの文章生成とプロンプトの改変・拡張

追加質問	**回答の例示を含めて入力**
情報が足りない場合は、足りない情報の補足を求める	回答例を与えて、解答の仕方や程度を誘導する
テキスト補完	**日本語以外の入力または出力**
主語や目的語の欠落など、出力に欠けた情報を指摘する	英語の質問に変える、または出力を英語にさせる
質問補完	**仮説を与える**
対話型AIが扱いやすいように質問を分割・整理させてから入力する	仮説を基に回答させる
回答の要件を指示	**出力に対する修正を再帰的に指示**
回答の要件（どんな職業の者への回答か）を与える	対話型AIの出力を対話型AIに評価させて、修正を繰り返す（プログラムの生成で有効）
段階的な推論をさせる	**テンプレート**
推論ステップ（Step-by-Step）を設けさせることで、複雑な問題でも推論可能にする	あらかじめ入力を補完する情報を用意して、それとともに入力する

●図4　プロンプトエンジニアリングの例

また、ChatGPTの対話的利用にもプロンプトの改変・拡張が寄与していると推測されます。例えばChatGPTに利用者が何回か話しかけ、それに対する回答を得て、新たな文章をプロンプトに入力したときは、そのプロンプトに利用者が過去に話しかけた内容、さらにそれらに対するChatGPTの回答も一緒に送っていると考えられます。これにより対話の文脈を反映した文章が生成できるのだと思われます。

おそらくChatGPTはプロンプトの改変・拡張のパターンを数多く用意しているのでしょう。ここで注目したいのは、プロンプトの改変・拡張パターンは、AIというよりも、言語学や自然言語処理に基づくものであるということです。

プロンプトエンジニアリングという言葉があります。プロンプトエンジニアリングとはＣｈａｔＧＰＴへのプロンプトを工夫することで、利用者が求める文章を出力させることや、出力する文章の精度を高める技巧のことをいいます。プロンプトエンジニアリングは、ＣｈａｔＧＰＴの内部で行われているプロンプトに対する改変・拡張と類似したことを利用者自らが行っている行為とみることができます。

本書ではＣｈａｔＧＰＴのハウツー的な紹介を意図していないことから、図４で代表的な技法をまとめておくのにとどめます。

コラム●プロンプトエンジニアリングの是非

プロンプトエンジニアリングは、オープンＡＩのサイトから直接、ＣｈａｔＧＰＴを利用する場合と、次章で説明するウェブＡＰＩを介してＣｈａｔＧＰＴを利用する場合では、求められる要件が違います。ここでは前者について考えてみましょう。

前者のプロンプトエンジニアリングについては、本質的な行為ではないという意見や、

ＣｈａｔＧＰＴの内部処理が変わると、プロンプトエンジニアリングの技巧の多くは効果がなくなるという指摘などがあります。一方でプロンプトエンジニアリングは生成ＡＩの時代における新しいスキルであり、高いスキルを持つ人材の需要が高まるという意見もあります。

ただ、ＣｈａｔＧＰＴを前提にしたプロンプトエンジニアリングと呼ばれる技法が有効なのはＣｈａｔＧＰＴだけであり、今後、オープンＡＩ以外による対話ＡＩが登場しても、ＣｈａｔＧＰＴ向けのプロンプトエンジニアリングは使えないでしょう。

ここで問題なのは、ＣｈａｔＧＰＴ向けのプロンプトエンジニアリングを駆使して、出力精度をあげていた人が、仮にＣｈａｔＧＰＴと同等の性能をもつ別の生成ＡＩを利用した場合です。その人にとってはプロンプトエンジニアリングを駆使できるＣｈａｔＧＰＴの方が出力の精度はよくなります。

その結果、ＣｈａｔＧＰＴから別の対話ＡＩへの移行が難しくなります。プロンプトエンジニアリングは利用者をＣｈａｔＧＰＴにロックイン、つまりすでに利用し始めている製品やサービス、技術などから別の同種のものへの乗り換えや入れ替えが困難な状態にさせる行為とみることができます。

ChatGPTはAIなのか

ChatGPTは、大規模な言語学習モデルがコアであり、そうした学習モデルはAI技術の産物です。その一方で、ChatGPTの出力の精度や汎用性は、むしろ言語学的知見を利用した学習モデルの調整（チューニング）や、言語学や自然言語処理を駆使したプロンプトの改変・拡張に依るところが大きいといえます。

さらにオープンAIがChatGPTの学習モデルについて論文で公表していることを考えると、ChatGPTの差別化要素は、学習モデルそのものではなく、言語学や自然言語処理技術を駆使した工夫とみるべきではないでしょうか。少なくともウェブの文章を学習させただけの学習モデルではChatGPTの高精度な出力かつ汎用性には追いつけないでしょう。

また、AIの技術者や研究者が言語学や自然言語処理に詳しいわけではありません。AIと言語学の両方、またはAIと自然言語処理の両方に詳しい技術者や研究者もいますが、非常に少ないのが現実です。

つまり、オープンAIがChatGPTを作れたのは、AIだけでなく、言語学の研究者や、自然言語処理の研究者や技術者を集めていたから、とみることができます。また現在、オープンＡＩ並みの対話ＡＩが作れると目されている大手ＩＴ企業としては、グーグル、メタ（旧フェイスブック）、マイクロソフト、中国のアリババやバイドゥなどが挙げられますが、そうした企業も既存事業のために、言語学や自然言語処理に関わる人材を多く抱えています。

例えばグーグルは、ＣｈａｔＧＰＴの学習モデルの元となったTransformerを生み出しただけでなく、元々ウェブ検索のために英語や日本語の自然言語を扱う必要があったことから、以前から自然言語処理の技術者や研究者はもちろん、言語学の研究者を抱えているはずです。

また、メタも、同社ＳＮＳでは利用者の書き込みの分析が必須であることから、自然言語処理の技術者や研究者を数多く雇っていた企業のひとつです。

いま国内外で、対話ＡＩ向け大規模言語モデルＬＬＭに関するプロジェクトがいくつか始まっています。ＡＩの技術者や研究者だけでもＬＬＭを作ることはできるでしょうが、仮にそのＬＬＭでＣｈａｔＧＰＴに対抗するものを狙うのであれば、言語学の研究者や、自然言語処理の研究者や技術者を多数確保できることが成否の鍵になるはずです。

コンテンツ種別	位置づけ	特徴	出力の要件
テキスト	通称、対話AIなどと呼ぶ。文章によるプロンプトに対応した文章を生成。出力した文章を選択せずに利用	会話以外に要約や翻訳など広いタスクへの対応と曖昧になりがちなプロンプトへの対応	ひとつの正確な文章
画像	画像生成AIなどと呼ばれることが多い。指示（文章など）に対応した画像を生成。人間による確認・選択が前提	画像の自然さ、指示への忠実性、画像の多様性が求められる	多様な画像を生成
楽曲	指示（キーワードなど）に対応した楽曲を生成。人間が確認・選択が前提	音階・コードが定まっているために生成範囲は狭い。一方、利用者の欲する楽曲も不明確であり、ランダム生成に近くなる	多様な楽曲を生成

●図5　生成AIの位置づけ・特徴・出力の要件

コンテンツ種別による違い

前述のように生成ＡＩとは、入力に応じて、文章や画像、音楽などのコンテンツを生成する学習能力があるＡＩで、ＣｈａｔＧＰＴも生成ＡＩのひとつです。

その多くは深層学習を利用していますが、図５のように生成ＡＩはコンテンツの種別によって要件が異なります。

ＣｈａｔＧＰＴを含む対話ＡＩの場合、生成する文章は一つで、利用者の意図を反映していることが求められますが、画像生成ＡＩの場合、相違する画像を数枚生成して、利用者が選んで使うことを想定しています。この複数の画像は、利用者の指示に忠実ではありますが、それぞれが違う画風やテイストの絵であることが求められます。

画像を生成するＡＩは急速に発展しています。文章を生成するＡＩはオープンＡＩやグーグルなどの大手企業が主体となり研究開発が進んでいるのに対して、画像を生成するＡＩは、それを実現するソフトウェアがオープンソース化され、それを世界中の技術者や研究者が改善することで発展しています。

このように、同じ生成ＡＩであっても、対話ＡＩと画像生成ＡＩではイノベーションの進み方に違いが出ています。

道具の限界を知ること

本書の最初にＣｈａｔＧＰＴの仕組みを説明したのは、筆者が〝技術屋〟であることも一つの要因ですが、もう一つは、仕組みをしっかり押さえることでこそ、効率的で効果的なＣｈａｔＧＰＴの使い方、ビジネスでの活かし方が見えてくるからです。特に、ＣｈａｔＧＰＴの基本原理は、文章の続きを単語と単語の確率的な接続関係から作り出しているのにすぎないと理解しておくことは、ＣｈａｔＧＰＴの応用と限界を知る上でも重要です。

ところで、ＣｈａｔＧＰＴが話題になり始めた頃、ネットでは、ＣｈａｔＧＰＴが生成する文章の間違いを嘲笑うような投稿が数多くありました。典型的な例は、ＣｈａｔＧＰＴに自分の名前を入力して、どんな人物かを質問した結果が、間違った人物紹介であると指摘するものです。ＣｈａｔＧＰＴが、ウェブ上の情報を学習しているとすると、有名人以外はその人物に関する情報を学習することは難しいはずです。言い換えれば、そうした投稿は、投稿者が知っていてやっているのかは不明にしても、不適切な入力を与えて、不適切な出力をしているだけ、といえます。

当たり前のことですが、ＣｈａｔＧＰＴを含めてＡＩは所詮、道具に過ぎません。道具を上手かつ安全に使うには道具の限界を知り、限界を超えた使い方をしないことです。ＣｈａｔＧＰＴの出力の間違いを見つけてそれを嘲笑うより、ＣｈａｔＧＰＴの出力に間違いが少ない範囲で使う方が建設的です。

一方、ＡＩで実現できることはＡＩに任せればよく、人間はやらなくてもいい、と主張される方もいます。例えばＣｈａｔＧＰＴは人間並みの文章が書けるので、今後は文章を作ることはＡＩに任せて、人には文章を作る能力、つまり文章力は不要という言説です。しかし、ＣｈａｔＧＰＴに望み通りの文章を作らせるには、ＣｈａｔＧＰＴへの入力の文章の質も高いものである必要があります。もちろん、前述のプロンプトエンジニアリングによってある程度出力をコントロールするような技巧的な方法は知られていますが、入力の文章の質が悪ければ技巧的な方法を使ったところで限界があります。現実には、文章力のある人の方が、適切な文章を入力として与えることで、よりいい出力をえられることの方が多いといえます。

コラム●ChatGPTは日本語が不得意？

ＣｈａｔＧＰＴが公開された当時、日本語の文章の生成より、英語の方が生成される文章が詳細であることが話題に上りました。学習モデルそのものは、英語向けで日本語が不向きということはなく、単に訓練データの多くが、英語の文章だったからとなりますが、ＣｈａｔＧＰＴは英語の文章の学習を日本語の文章にも活かしているはずです。

というのは、ＣｈａｔＧＰＴなどは２０１８年に登場した「自己教師あり学習（Self-supervised Learning)」という学習手法に基づいています。これはデータに関する情報、例えば文章にはどのような話題が含まれているのかということを、ＡＩが自分で学習する手法です。この結果、大量の訓練データと計算性能が高いサーバを用意すれば、ＡＩは賢くなっていくことになります。

ＣｈａｔＧＰＴを含めて「自己教師あり学習」に基づく学習モデルでは、例えば日本語と英語などの異なる自然言語の文章を訓練データとした学習モデルとして与えることにより、学習モデルは各言語の文章を生成できるだけでなく、言語間の関係、例えば相違する言語において共通する性質を見いだしていて、それを各言語の文章生成に利用している可能性が高いです。

ですから、日本語の文章生成は日本語の訓練データだけに頼っているのではなく、英語や他の言語における学習やカスタマイズした結果は、日本語の文章を生成する際にも反映できる、とみた方がいいでしょう。なお、学習モデルが言語間のどんな性質を見出しているかは、事実上、学習モデルのみが知るところで、ＡＩの提供者もわかっていない可能性が高いです。

また、ＣｈａｔＧＰＴでは多様なプログラミング言語のプログラムを生成することができます。これもＣｈａｔＧＰＴが登場した当時に驚かれた機能のひとつです。ただ、ＣｈａｔＧＰＴの学習モデルから考えると、自然言語とプログラミング言語には区別がないとみるべきで、さらに前述の「自己教師あり学習」により、自然言語とプログラミング言語の共通の特質を見つけている可能性はあります。

第2章

想定される応用法

誤りが起きにくい使い方

ＣｈａｔＧＰＴが大きな話題になるや、「わが社もいち早くＣｈａｔＧＰＴを取り入れて、業務効率化を図ろう」という掛け声が飛んだ職場も多いのではないでしょうか。ただ、ＣｈａｔＧＰＴは汎用性が高く、何に使えばいいのかを悩むことも多いでしょう。本章ではＣｈａｔＧＰＴの応用法をいくつかあげるとともに、留意すべき事項を説明します。

「はじめに」で説明したように、ＣｈａｔＧＰＴは2023年3月1日から、オープンＡＩのウェブサイトからだけでなく、いわゆるウェブＡＰＩにより、他のアプリケーションやサービスからＣｈａｔＧＰＴの文章生成機能を呼び出せるようになりました。オープンＡＩのウェブサイトからの利用でもビジネス活用は可能ですが、ＣｈａｔＧＰＴの応用は大きく変わりました。

ＣｈａｔＧＰＴは文章生成をするＡＩで、高い言語能力があり、入力した文章の校正や添削をすることもできます。その文章の要約や他の言語への翻訳をすることもできます。後述するようにＣｈａｔＧＰＴなどの生成ＡＩは出力に誤りが多いのですが、要約や校正、添削は誤りが起きにくい使い方です。

また、壁打ちやアイデア出しに使う方法も人気なようです。あるセミナー事業者の方に伺ったところでは、セミナーのタイトル作りの際にＣｈａｔＧＰＴを利用しているそうです。その事業者は講演者にセミナー概要を用意してもらい、それをＣｈａｔＧＰＴに入力し、概要に適した講演タイトル案を複数個作らせて、そのうちの一つを改変したり、複数案からキーワードを拾ったりして、タイトルを作っているとのことでした。

この他、ＣｈａｔＧＰＴは大量の文章を学習しているので、リスクの列挙など、事項を網羅的に書き出すことも得意としています。

オフィス業務への応用

それ以外にも、ウェブＡＰＩを介してＣｈａｔＧＰＴが利用できるようになって以降、多様な応用法が提案されています。その中でもオフィス業務は、文章生成の機会が多く、ＣｈａｔＧＰＴの利用が期待されています。

オフィスで利用されているアプリケーションといえば、メールソフト、ワープロ、プレゼンテーションソフト、表計算、ウェブブラウザなどでしょうか。これらにChatGPTのような文章生成能力を利用するとどうなるかを考えてみましょう。

まずメールソフトですが、ビジネスのためのメールは定型的な文章が多いことから、宛先と要件の箇条書きを入力するだけで、メール本文の作成まで可能になりました。さらに送信まで自動でやってくれる日はすぐそこまで来ています。

ワープロソフトやプレゼンテーションソフトも同様でしょう。ワープロの場合も定型の文章を使うことが多いことから、ChatGPTなどのAIを利用し、文章を読む人や大まかな内容を入力し、文章を自動生成させることができるでしょう。

ところで著者がChatGPTに文章を書かせて、その出来に一番感心したのは「詫び状」でした。詫びなければいけない事項や、送り先に説明すべき状況などを箇条書きで入力しただけで、到底自分では書けないような丁寧かつフォーマルな詫び状が出力されました。

今後、ワープロソフトからAIを呼び出す、ワープロとAIの一体化の流れは止まらないでしょう。

また、プレゼンテーションソフトは講演用スライド作りに活躍しますが、ＣｈａｔＧＰＴの機能をウェブＡＰＩを利用して呼び出し、発表概要や聞き手の種別を指定すれば、数枚のスライドを、プレゼンテーションソフトで編集できる形式で生成することが可能なはずです。実際、それに相当するサービスも登場しています。

ところで、日本語のスライドやその口頭説明は上手でも、それが英語になると難しいという方もいると思います。ＣｈａｔＧＰＴに講演スライド向けの英語に翻訳させれば、英語スライドを作成できます。さらにその英語スライドの内容をＣｈａｔＧＰＴに与えて口頭説明を作らせれば、英語による口頭説明用の原稿を生成できます。その生成された原稿のクオリティは、英語に不慣れな技術者が自ら作成した英語原稿よりも高いかもしれません。

生成ＡＩとの組み合わせ

表計算ソフトと生成ＡＩの組み合わせも、提供や実装が進んでいます。オープンＡＩは２０２３年７月に「コードインタープリター（Code Interpreter）」と呼ぶ新機能を提供しました。これは人間が自然言語でデータ処理などに関わる指示を入力すると、その指示をコンピュータが実行できる形式、つまりプログラムに変換してくれる機能です。「このデータをグラフにして下さい」と指示すると、コードインタープリターは対応するプログラムを作り、グラフを生成してくれます。いまのＥｘｃｅｌなどの表計算ソフトを使ってデータ処理をする場合、利用者が数式を定義することが前提になっていますが、今後はＡＩを使うことで、どんなデータ処理をして欲しいのかを自然言語で指示すれば、データ処理及びそのグラフ化が行われるようになるでしょう。

マイクロソフトは２０２３年３月に、同社のオフィス向けソフトウェアにＣｈａｔＧＰＴによる各種機能を追加した「Microsoft 365 Copilot」を発表しており、ここで示した事例は早々に実現するはずです。オフィス業務をする限り、生成ＡＩを使わないという選択肢がない時代になるのでしょう。

さて、オフィスで働く方々、ホワイトカラーと呼ばれる方々の主な仕事は文書作成です。その文書生成がＡＩに置き換わっていくと、ホワイトカラーの方々は、ＡＩが生成した文章のチェックや修正をすることが重要な仕事へと変わります。ただ、それでホワイトカラーの仕事が奪われるか否かは第６章で議論することにします。

その他にも、生成ＡＩは企業の多様な業務で広く使われることになるでしょう。

オンラインの宣伝媒体の作成を考えてみましょう。多くの企業が、電子化された各種媒体を出しています。例えば会社案内から商品宣伝、さらには取扱説明書など多種多様です。これらは、ＣｈａｔＧＰＴを含む生成ＡＩを利用することにより、媒体の読者一人ひとりの関心事に応じて媒体の説明を変えるなど、内容を編集することができます。

例えばインテリア用品のオンラインカタログの場合、ある読者の関心が自然素材を利用した家具であれば、その読者にだけ、自然素材の利用に関する説明を増やしたカタログを自動的に生成できるようになります。さらに画像生成ＡＩを駆使すれば、読者の家の室内にインテリア用品を実際に置いたかのような映像を合成することもできるはずです。

また、オンラインカタログだけでなく商品の取扱説明書も、利用者が質問を書き入れることや、表示するデバイスに話しかけることで、ＡＩを通じて適宜疑問に回答することが、極めて近い将来に可能になるでしょう。

ここでは商品カタログや取扱説明書を例にとりましたが、一般の書籍を含めて多くの電子媒体において、こうした変化が共通して起こることが予想できます。

ChatGPTの生成情報の拡大

AIが企業の業務で広く使われるときに問題になるのは、ChatGPTの訓練データがやや古いことです。当初、ChatGPTのGPT3は2021年9月時点までのデータしか入っていませんでした。本書の執筆時点では、2022年1月時点までとなりましたが、引き続き最新情報に基づく文章は生成できないことを意味します。

また、特定地域の情報や特定の組織・個人に関する文章は、生成できないか、生成しても精度が低いものになってしまいます。これは当該の情報に関する文章を訓練データの対象にしなかったか、その学習データ量が少ないことによるものです。

前述のウェブAPIをアプリケーションやサービスから呼び出してChatGPTを利用する場合、図6のように、アプリケーションやサービスが、インターネット上の情報やそれ独自のデータベースなどを呼び出す際に、最新の情報も、独自データベースに格納されている業務向けなどの情報と組み合わせることが可能です。

また、複数ユーザが利用するアプリケーションで、あるユーザが入力した内容をそのまま別のユーザに伝えることや、他のユーザが入力した文章をChatGPTに送り、ChatGPTでその文章を加工させて、別のユーザに伝えることができます。

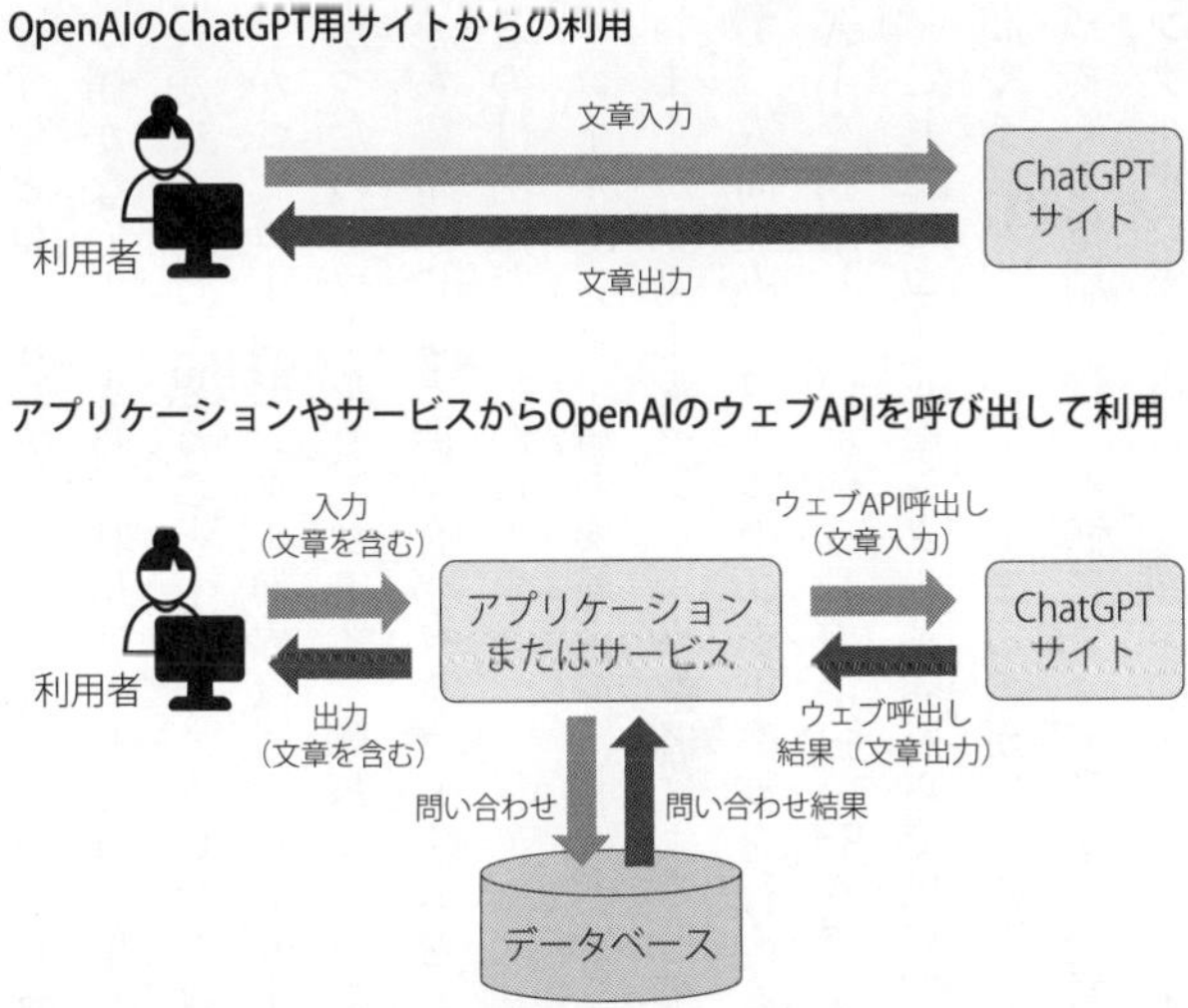

●図6　ChatGPTのサイト利用とウェブAPI利用

いずれにしろ現在のＣｈａｔＧＰＴの応用事例は、企業が自社内の業務効率化を目指すものが大半ですが、今後は顧客や社会にとってもメリットが生まれるようなＡＩの使い方を提供できるかが主戦場になるでしょう。

少なくとも、「負担」を減らす

自社内の業務効率化のケースとして、具体的な導入事例を考えてみましょう。

ＣｈａｔＧＰＴの利用が期待される業務のひとつがカスタマーサポート業務です。すでにＡＩチャットボットによる問い合わせ対応は広く使われており、定型的音声対応にも利用されています。とはいえ、人間同士のやり取りとは違って意図が通じづらく、かゆいところに手が届かないことから、利用者としては「早く人間のオペレーターに切り替わってくれないかな……」と思うことも少なくないでしょう。

かつてコールセンター業界は音声対応AIを先行して導入していましたが、幻滅が早かったのもコールセンター業と言われています。人間ですら把握するのが難しい、顧客からの電話による問い合わせやクレームを、定型的なことしかできないAIで対応しきるのは困難だったからです。

コールセンター事業者向けにChatGPTの利用を前提としたサービスが登場していますが、コールセンター事業者によると事情は複雑なようです。対話向けAIによって、人間並みのコールセンター業務を行えるようになったとは考えていないが、一方で、AIを利用したいという動機は強いそうです。

これにはコールセンター業界ならではの理由があります。顧客の解消されなかった疑問や不満が、最終的に集まるのがコールセンターです。そのためコールセンターにかかってくる電話には、不満によって乱暴な発言が含まれることがあり、オペレーターのメンタルを攻撃するような顧客の物言いが後を絶ちません。この他、何を伝えたいのか、何を訊きたいのかが意図不明なものや、長時間の電話も少なくありません。人間のオペレーターは、相手が話し続ける限り、どんなに乱暴な言葉があろうと低姿勢で付き合いますが、メンタルの負担は大きいものです。コールセンター事業者がChatGPTなどの対話AIに期待するのは、そのようなオペレーターの負担を減らせるのではないかという点です。

ただ、前述のように人間のオペレーターをAIに置き換えられるとは限らないことから、生成AIに期待していることのひとつは、顧客からの問い合わせやクレームに対する報告書の自動作成です。これは、単に報告書の作成の時間を減らすというだけではありません。

コールセンターに委託する企業は、顧客からの問い合わせやクレーム一件一件の報告書を求めます。人間のオペレーターにとって、意図不明な問い合わせの報告書を作るのは大変ですし、報告書を書くために乱暴な言葉を含むやり取りを振り返ることは、メンタル的な負担が増すことになります。

つまり、AIがオペレーターよりも劣っていたとしても、オペレーターの負担が一部でも軽減されるのであれば、AIを導入したいという期待が、コールセンター業界にはあるのです。ＡＩの導入は、ＡＩが人間の代わりにならずとも人間の負担を減らすというケースが少なくありません。この事例からわかるように、ＡＩの性能が人間の能力を上回ることは、必ずしも導入に必要な条件ではないことは、留意すべきです。

コミュニケーションやメタバースでの可能性

ＣｈａｔＧＰＴの場合、そのプロンプトはキーボードなどから入力された文章を前提にしていますが、何らかのＡＩ音声認識機能により音声入力を文字起こしすることで、音声入力が可能になります。生成された出力も読み上げシステムを使えば音声として出力できますから、例えば自動車の運転中に音声でＣｈａｔＧＰＴ、またはＣｈａｔＧＰＴを利用したアプリケーションやサービスを利用することが可能になります。

今後はＣｈａｔＧＰＴを使いつつ、音声による入力や出力を前提にしたサービスも増えると想像され、その結果、アプリケーションやサービスも多様化するでしょう。

また、著者が興味をもっているのは、玩具への利用です。これまでにも「会話するぬいぐるみ」は販売されていましたが、定型の会話しかできませんでした。ＣｈａｔＧＰＴのような対話向け生成ＡＩを組み込むことによって、これまで以上に人間らしい対話や、広範囲な会話ができる玩具が発売されるでしょう。硬貨程度の大きさのボタンにコンピュータと電池と通信機能を、そしてマイクとスピーカーを内蔵させて、そのボタンをぬいぐるみに縫い付けるだけで、「会話するぬいぐるみ」ができるかもしれません。「会話するぬいぐるみ」を与えられた乳幼児は、保護者と話す時間よりも、「会話するぬいぐるみ」と話す時間の方が長くなる可能性もあります。そうなると子供たちは、人間ではなく「会話するぬいぐるみ」を通じて言語を学習するようになり、大人よりもAIへの指示が上手くなっているかもしれません。

また、対話向け生成AIはメタバースの課題の解決に寄与するかもしれません。2007年前後に「セカンドライフ（Second Life）」と呼ばれるメタバースがブームとなりました。日本でも多くの企業がメタバース内に出店したのですが、長続きはせず、下火になりました。そして、2021年末から2022年夏頃まで、再びメタバースはブームとなり、またしても早々に下火になりました。

ブームが下火になった理由には共通点があるといわれます。メタバースの仮想世界において、利用者の代わりとなるアバターは、利用者が接続している時間だけ操作できるので、接続時間が違うアバターは仮想世界に同時に存在することはありません。その結果、仮想世界が過疎化してしまい、さらに訪れるアバターが減るという悪循環に陥ったのです。

この問題は以前から指摘されており、例えば1990年代後半、フランスの思想家、ポール・ヴィリリオは、メタバースは空間的な超越をするだけでなく、時間的にも超越する必要があると指摘しました。その意図は、アバターには利用者が接続していない時間でも、他のアバターと相互作用が求められるということです。

対話AIを使えば、時間的な超越が可能です。つまり、アバターの利用者が接続していない時間は、AIが利用者の言動を代行してくれるようになれば、そのアバターは他の利用者のアバターと会話ができます。つまり同時接続している人がいなくても、誰かと会話をすることができるようになるのです。

ゲームも対話AIを積極的に利用するでしょう。また、ゲームでよく使われる用語に「モブキャラ」または「モブキャラクター」があります。これは、個々の名前が明かされない群衆、つまりその他大勢のキャラクターのことですが、対話AIを使うことで、「モブキャラ」も話しかければ人間のように会話することが可能になるでしょう。

例えば、2020年3月から提供が始まった任天堂のゲーム「あつまれ　どうぶつの森」は世界的にブームとなりました。島民となる動物キャラクターはそれぞれ個性があることになっていますが、プレイヤーの操作するキャラクターとの会話はゲーム側で決められており、自由度はない状態です。これも対話向けのＡＩを駆使すれば、人間と会話するように島民と話すことができるようになるはずです。

ここで示した事例はいずれも、ＡＩをコミュニケーションに利用するものです。人によっては、他の人と話すよりもＡＩと話していた方がいい、仮に他の人と話す場合も直接話すのではなく、ＡＩを介して話す方がいいという方がいると思います。それがいいのか否かは著者には判断がつきませんが、他の人から不快なことをいわれるより、ＡＩを介在させることで、不快なことをオブラートに包んでくれるようになるのなら、その会話の方が居心地がいいと感じる方々の気持ちはよくわかります。

プログラミングにおける限界

第１章で説明したように、文章生成向けの学習モデルの特性上、ＣｈａｔＧＰＴは、英語や日本語のような自然言語による文章でなく、プログラミング言語による文章、つまりプログラムも生成することができます。

プログラムに求められる機能を自然言語で与えることで、プログラムを生成することができるのですが、生成できるプログラムは、小さく単純なものに限られます。大学の情報系学部・学科の大学2年生のプログラミング課題になる程度の物であれば、問題なく作ることができるでしょう。

一方で、ChatGPTにプログラムの生成をさせた経験のある方ならばわかると思いますが、ChatGPTは最初から指示通りのプログラムを作れるとは限らず、間違ったプログラムを生成することが多くあります。そのため、生成AIによるプログラム生成をソフトウェア開発に活かせるのは、何度かプログラムを生成させて、その中からよりよいプログラムを選ぶことができる知見のある方か、生成したプログラムに含まれる間違いを見つけて、それを生成AIに指摘して修正させる手間をかけられる方となります。

さて、著者はソフトウェアの研究が生業のためにやや厳しく見るところはありますが、現状、AIによる自動プログラミングはまだ課題が多いのが現実です。ソフトウェア開発において、プログラミングという作業は一部に過ぎません。むしろ重要なのは、プログラムとして何を作るのかを考えるところです。何のプログラムを作るかは人間が考える必要があり、ＡＩがあればソフトウェア開発者が不要になるわけではありません。

ＡＩにより生成されたプログラムは比較的小規模であることと、間違いが含まれやすいことを考えると、まず利用が始まるのは、最終製品に使われるプログラムではなく、例えば最終製品の不具合を見つけるためのテストプログラムなどになるでしょう。

ところで我々のまわりには様々なサービスやライブラリ（予め決められた機能を提供するソフトウェア群）がありますが、それらを利用・操作するには、多くの場合、何らかのプログラムから呼び出す必要があり、そのためにプログラミングをすることが少なくありませんでした。

しかし将来は、生成ＡＩを使うことにより、サービスやアプリケーション、ライブラリそのものを自然言語で操作できるようになっているのではないでしょうか。そうなれば、例えばサーバにしてほしいことを日本語で説明して依頼すれば、その内容を処理してもらえるようになり、むしろプログラムを作成する必要性が減っている可能性もあります。

ＡＩによる国会答弁の作成？

ＣｈａｔＧＰＴに注目が集まったさなかの２０２３年４月21日、西村康稔経済産業大臣が会見で、ＣｈａｔＧＰＴを将来的に国会答弁の作成に活用する可能性について触れ、「プロセスを効率的にするにあたり、将来ＡＩは有力な補助ツールになりうる」と発言しました。

しかし大臣のこの発言は、府省庁の役人を悲しませることになったのではないかと想像します。というのは、そもそも国会における大臣答弁は大臣が考えて応えるべきことであり、役人が国会答弁を作ることは適切とはいえません。

仮に役人が国会答弁を作るにしても、その作業で、答弁内容そのものを作るのは極一部に過ぎません。もちろん答弁案を作る課長補佐以下の方々の仕事は少し楽になるかも知れません。しかし、課長または審議官以上の方々は、人間が書いた答弁案でも、ＡＩで書いた答弁案でも、その内容をチェックして、大臣レクをする仕事は変わりません。

国会答弁では過去の答弁の内容や行政文書との整合性が求められるので、答弁を作る前に、過去の答弁や行政文書を読み込む必要があります。ＣｈａｔＧＰＴが役に立つとすると、その過去の答弁や行政文書をＣｈａｔＧＰＴで要約して、読み込む時間を減らすことでしょうか。

また、政治関係で心配されるのは、質問主意書の乱造です。質問主意書とは、国会議員が国会開会中、議長を経由して内閣に対し文書で質問するための文章のことです。議長から内閣に転送され、内閣は質問主意書を受け取った日から７日以内に答弁することになります。

国会質問の場合、国会議員に与えられた質疑時間は所属する会派の議員数に比例するため、少数会派の議員や会派に属さない議員は十分な質疑時間がとれませんが、質問主意書は所属会派の議席数に関係なく、議員一人でも提出することができます。少数意見を尊重するという民主主義の理念にも合った仕組みといえます。

しかし、現実には特定の議員が多数の質問主意書を出しているという現状があります。それが直ちに問題とはいえませんが、不必要な質問主意書は回答する役人の負担になります。

国会議員の場合、大臣などの役職に就かず、国会質問もせず、さらに質問主意書も出していないと仕事をしていないと批判されることがあります。今後、問題意識がないのに、ＣｈａｔＧＰＴなどのＡＩで質問主意書を作ったり、質問主意書を大量生産したりすることで、議員活動としての実績を作る国会議員が出てこないとも限りません。有効な補助ツールと考えていたにもかかわらず、実際には民主主義を棄損する事態を生む、という予想も立つのです。

教育への応用と未来

教育への応用についても触れておきましょう。ChatGPTには期待も多く、多様な応用が想定できます。

AIの企業媒体への応用に関する説明と同様に、教育コンテンツも変わります。例えばChatGPTのような生成AIを使えば、児童生徒一人ひとりの学習理解度に応じて、オーダーメイドの教材、例えば教科書やテストを作ることができるでしょう。例えば正答率が低かった学習項目について補完説明する参考書やテストを追加することなどが考えられます。

また、ChatGPTなどの生成AIはその対話を通じて、質問に対して回答を作ってくれます。もちろん、回答には間違いが含まれる可能性がありますし、その回答が人間の教師やチューター役によるものに優るとはいえないでしょう。しかし、わからないことを、後で人間の教師やチューターに質問するより、わからなくなったそのときにAIに質問できる、というのは学習を進める上では有用です。

ChatGPTは文章の要約や添削は得意ですから、児童生徒の書いた文章の添削や、外国語の会話の練習なども可能です。

おそらく将来の教育コンテンツは、単なる教科書や教材というものではなく、生徒の学習理解度やその時点の回答に合わせて教材内容が動的に変わるオーダーメイド教材となり、分からないところはこと細やかに指導してくれる教員の役割も果たし、議論の相手にもなる、というものになるのでしょう。生徒が書き込んだ回答の文章も添削してくれるなど、学習のあらゆる場面に付き添い、解説から添削までをこなしてくれる多機能コンテンツになる可能性があります。

すでに塾などではAIの利用を謳っているところもありますが、今後は生成AIを駆使したオーダーメイド教材などによる個別指導が増えるに違いありません。

ただ、学校などの公教育においては別の議論がありえるでしょう。個別学習は幅広い児童生徒の学習理解度を高めることができる一方で、多くの場合、優秀とはいえない児童生徒の学力を補完する効果より、優秀な人をより優秀に押し上げる効果の方が大きいという指摘もあります。

その場合、AIによる個別学習は結果的に学力格差を広げる可能性もあります。公教育の場である学校ではどのようにAIを利用した教育を行うべきなのか、議論が必要でしょう。

コラム●読書感想文でChatGPTを使っていいのか

AI絡みの取材でよく訊かれる質問が、読書感想文でChatGPTを使うことの是非です。その是非ですが、読書感想文の趣旨が、児童生徒に①読書を啓蒙すること、②文章を書く能力を育むこと、であれば、ChatGPTなどのAIに読書感想文を書かせるのは、その趣旨に合わないことになるでしょう。

一方、児童生徒が書いた文章を添削するためにAIを使うとなると、不適切とはいいきれなくなるでしょう。興味深いのは、AIの問題は読書感想文だけではないはずですが、なぜメディアは読書感想文を取り上げるのかです。これまでも、実は保護者が書いていたり、そこまではしなくても添削したり、もっとひどい例では代筆屋に依頼するケースさえあったようです。なぜＡＩだけがそこまで警戒されるのか、筆者としては疑問に感じます。

むしろ危惧すべきは、ＡＩを利用していない児童生徒が、ＡＩを利用したと疑われるケースではないでしょうか。ＡＩが生成する文章の精度は上がっており、ＡＩが生成した文章か否かを正確に判別することは困難です。そうなると、児童が書いた読書感想文でも、ＡＩが書いたのではないかと疑われるケースは出てきてしまいます。従って教育関係者に求められるのは、ＡＩの利用を疑われた児童生徒をいかに守るかのはずです。

なお、文科省は２０２３年7月4日に〈「初等中等教育段階における生成ＡＩの利用に関する暫定的なガイドライン」の作成について（通知）〉という文書を発表しました。時期的にも「夏休み前に、夏休みの宿題をＣｈａｔＧＰＴにやらせて良いかどうか」の目安を示したいと考えたものであることは明らかですが、ここでは学習指導要領に基づき、情報活用能力を高めることは必要としながらも、長期休業中の課題等については次のように述べられています。

〈ＡＩの利用を想定していないコンクールの作品やレポートなどについて、生成ＡＩによる生成物をそのまま自己の成果物として応募・提出することは評価基準や応募規約によっては不適切又は不正な行為に当たること、活動を通じた学びが得られず、自分のためにならないこと等について十分に指導する（保護者に対しても、生成ＡＩの不適切な使用が行われないよう周知し理解を得ることが必要）〉

本来、コンクールの作品やレポートなどに限定せず、児童生徒がＡＩを利用していいケース、逆に利用すべきでないケースを適切に判断できる能力を持つことが大切なはずです。

大学生はどう使う？

さて著者は、大学院大学とはいえ大学教員ですので、大学における生成ＡＩの利用に関して、二つの使い方を紹介しておきましょう。

ひとつは授業課題のレポートにＣｈａｔＧＰＴなどのＡＩを使うことの是非です。レポート課題でＡＩを使うことを許容すべきか否かは大学や教員によって対応がわかれました。大学によってはＡＩの利用を禁止したところもありますし、全面的に使っていないのであれば許容するところもあります。

レポートを評価・採点する大学教員の立場でいうと、レポートは、学生・院生の学習理解度を評価するために課題として出しています。学生・院生がＡＩに頼ってしまうと、教員側は、その学生・院生の学習理解度が正確にわからなくなります。ただ、ＡＩに頼ることで学生・院生の勉強に影響が出ることは本人の自己責任といえて、どこまで教員が危惧すべきことなのかは迷うところです。

また、ＣｈａｔＧＰＴが普及した後のレポート課題を評価・採点してみた印象をいうと、①レポートの出来がよくなったこと、②レポートの文字数が増えたということがあります。①は教員としては素直にうれしいのですが、②は当方の感覚として過去比１・５倍ぐらいに増加しており、採点に時間がかかりました。

大学教員であれば納得していただけると思われる経験則は、課題対象をよく理解している学生のレポートは文字数が多く、そうではない学生のレポートは文字数が少ないという傾向があるということです。課題対象についてわかっていないと、長々と説明が書けないからです。従ってレポートを評価・採点するとき、文字数が多くて、ざっと見た感じで出来のいいレポートは、実際に読んでみても出来がいいということが大半だったのです。

しかし、ＣｈａｔＧＰＴの登場で、課題対象をわかっていなくても、長々とレポートを書けるようになり、すべてのレポートを端から端まで読まないと評価・採点できないこととなりました。

もうひとつ起きたことは、学生・院生の就職活動へのＣｈａｔＧＰＴの利用です。エントリーシートの作成にＣｈａｔＧＰＴを利用する学生さんがおられるそうです。趣旨を考えると学生自身で書くべきということですが、そうした学生を責めることもできないような気がします。

というのは、①企業には多数のエントリーシートが集まり、その企業はエントリーシートの評価を外部委託し、その委託先はＡＩで評価しているところが多いこと、②学生は多数の企業に応募しており、応募企業ごとにエントリーシートを書くのは現実的に無理になっていることがあげられます。
①・②ともに、学生が応募する企業が増えたことが背景で、学生に責任があるように見えますが、多数の応募を煽ったのは就活メディアという側面もあります。その結果として、学生も企業もＡＩに頼るという事態なのかもしれません。

模擬裁判で起きた問題

学生にとって、生成ＡＩはよい議論の相手になってくれるものだと、著者は考えています。哲学的な問答でなくても、議論を通じて自らの考え方を深めることや、多様な考え方を知ることは有益です。ただ、議論には相手が必要ですが、誰もがその議論の相手がいるとは限りません。

ＣｈａｔＧＰＴなどの生成ＡＩはその相手になってくれます。海外の教育利用の事例では、法学部の学生が行う模擬裁判があります。本来は弁護人役、検察官役、裁判官役の学生を決めて、複数人で行うものですが、ＣｈａｔＧＰＴを利用することでひとりでも模擬裁判ができるようになります。

２０２３年5月、東大の学園祭で、学生によるＡＩ裁判官を使った刑事裁判の様子を描く劇が行われ、その様子は後日、ＮＨＫの朝のニュース番組でも取り上げられました。著者はその番組で刑事裁判劇を解説することになっていたので、その劇も拝見しました。劇ではＣｈａｔＧＰＴに裁判官役をさせていたのですが、いろいろ苦労があったそうです。

刑事裁判が進み、すべての証拠調べが終わると、検察官及び弁護人はそれぞれ意見を述べます。その順番は、まず検察官が述べる意見（論告）を行い、次に弁護人が述べる意見（弁論）を行い、それを受けて判決となります。

しかし、ChatGPTは対話を想定した生成AIなので、最後の話に同調する傾向があります。AI裁判官は、最後の話、つまり弁論に同調するので無罪判決を出しやすくなり、その劇では順番による公平性への影響を減らすことに苦労したそうです。

また、AIは感情を持たないので、AIを裁判官にすることによって公平な裁判ができるという指摘がありますが、課題も多いのが現実でしょう。

例えば刑事裁判には3つのフェーズ、①証人の証言や証拠から犯罪事実であるかを判断する「事実認定」、②規範に対応する事実があるかないかを判断する「あてはめ」、③法律的な事実をもとに判決する「判決推論」があります。

おそらくこの中でAIに一番難しいのは①でしょう。前述の刑事裁判劇では、凶器をもっていたことが殺意にあたるかということがひとつの焦点でしたが、凶器をもっていたことと殺意があったか否かは別であり、常識や状況に依存するので、人としての常識を持たないAIには難しいのです。
②もAIが行う場合、法律の解釈の曖昧性が問題になります。プログラムと違い、法律は解釈に幅を持たせており、AIには解釈の幅が扱えるとは限りません。また判例に

基づく場合も、個々の状況を含めて判例を参考にすることは、ＡＩは得意ではないでしょう。③については、量刑の計算などはＡＩでもできるでしょうが、人はＡＩから判決を言い渡されることへの抵抗感もあるでしょう。

このため、ＡＩによる裁判官は現実には難しい課題です。ただし、裁判官の買収などの汚職が起きているような国では、人間の裁判官よりＡＩの裁判官の方がいいという見方もあるでしょう。

過度な効率化は業務を潰す

さて、これまで見たようにＡＩにより業務は効率化されそうではありますが、安堵はできないかもしれません。その例としてプレスリリースを考えてみましょう。

プレスリリースを配信するという行為は、企業にとってそれほどお金をかけずに宣伝活動ができるという利点があるだけでなく、メディア関係者にとっても新味のあるニュースのネタを得られるという利点があります。メディア関係者がたまたま投げ込まれたリリースを目にしたことで、普段担当している取材対象以外の動向を知ることができる、いい機会にもなっていました。ただし企業が出せるプレスリリースの量は、その企業の広報担当者のプレスリリースの作成能力によって、自ずと制限されていました。

さて、そのプレスリリースですが、基本的には定型的な文が多く、例えば新商品発売のリリースであれば、冒頭のお決まりのキーワード、会社名、社長の名前、新商品の名称、最大の「売り」ポイント、発売開始日などで成り立っています。こうした定型的な文書の作成はChatGPTなどの生成AIが得意とするところですから、AIを導入することでこの作成業務を効率化したい、さらには自動化したいと考えるのは合理的です。いまの生成AIの実力を考えると、定型的部分に加えて、新製品の特徴を箇条書きで与えれば、それらしいプレスリリースは作れてしまうでしょう。さらに配信までAIが代行してくれるでしょう。

すると、広報担当者の仕事はAIが作成したプレスリリースをチェックすることになりますが、担当者自らが作成したときと比べて生産性があがり、企業は数多くのプレスリリースを出せるようになります。また、これまでは広報担当者がいないためにプレスリリースを出せなかったような企業も、AIを活かすことでプレスリリースを出せるようになるでしょう。プレスリリースの量は現在の10倍に膨らんでもおかしくありません。

ここだけを見ればAIはプレスリリースの生産性をあげられるので、AIによるプレスリリース作成を進めるべきだと思う方もおられるかもしれません。しかしプレスリリースの件数が増えれば、プレスリリースを受け取るメディア関係者、例えば記者のメールスプールは、大量生産されたプレスリリースで溢れることになり、受け取る側は、もはやその量をさばききれなくなってしまいます。さらに同時に、質の低下も起きるでしょう。

つまりメディア関係者からみれば、大量の、質の悪いプレスリリースが増えて、「また同じようなプレスリリースか」「読んでも何も響かない」という経験が続きます。プレスリリースを読むのは時間の無駄となりますし、そうなれば記事として紹介することはなくなるでしょう。

そうなるとプレスリリースを出す側の企業も、記事として取り上げられないのであればプレスリリースを出さなくなっていきます。その場合、最終的にはプレスリリースという活動自体が衰退することになってしまいます。

いささか極端な予想かもしれませんが、ＡＩで効率化される業務や活動であっても、効率化が災いして、その業務や活動自体がむしろ無効化しかねないというケースがあります。なお、ＡＩが仕事にあたえる影響は第６章で議論します。

かえって生産性を下げる？

ここまで、ＣｈａｔＧＰＴなどのＡＩにより、業務を効率化させる事例をあげました。これだけを見れば、ＡＩは業務、そして企業の生産性をあげる大変便利なツールにみえるかもしれません。しかし、それは一面に過ぎず、むしろ企業や社会の生産性を下げる可能性もあります。

報告書、プレゼンテーション資料、契約書類などの書類を作る業務を担う社員にとっては、ＣｈａｔＧＰＴという文章生成のためのＡＩを利用することで、業務効率はあがるでしょう。

一方で、無駄に長い文章も増やす可能性があります。いままでは手短に書いていた業務報告も、ＣｈａｔＧＰＴを駆使した結果、文字数も多く、立派な報告書になるかもしれません。

１９９０年代、企業で電子メールの利用が始まり、内外の情報交換が容易かつ高速になり、業務の効率化が期待されました。しかし、企業で働く人がその結果として暇になったとはいえず、むしろ忙しくなり、日々届く、大量のメールの処理に忙殺されている人も少なくない状況のはずです。前述のプレスリリースの生成ＡＩなどの問題と重なりますが、生成ＡＩにより文章作成が容易になれば、その分、書類が増えるでしょう。

多くの場合、従業員は文章作成の効率化によって空いた時間、何もせずにサボるわけにはいきません。自ら仕事を増やすことになります。そのとき新しいことを始められればいいのですが、人間というのは新しいことより、慣れた仕事を続けたがるものです。その慣れた仕事が書類作成ならば、書類の文字数を増やし、書類の数も増やしてしまうのです。

そもそも従業員は、上役に対して仕事をしていたと説明するために業務報告を書きますから、一つの書類の作成の手間が減れば、仕事をしていたことを示すアリバイ的な書類の数は増えてしまうものです。

しかし、部下に指示を出す上司は、部下がＡＩを駆使しているかは関係なく、部下が作った書類に目を通さなければなりません。その大半がアリバイ的な文書であったとしても、それがアリバイ的なものであるかを判定するためにもせっせと読まなければならないのです。

従業員が生成ＡＩを駆使した結果、書類の文字数が増えたり書類の数が増えたりすれば、読む側、例えば上司の負担は大きくなります。もちろんＣｈａｔＧＰＴは文章の要約も得意ですから、企業の責任ある立場にいる方は、「部下から上がってきた大量の文書や、投げ込まれるメールをＣｈａｔＧＰＴで要約してから目を通す」こともできるでしょう。しかし、ＣｈａｔＧＰＴは文章の要約はできても「その文書が業務においてどの程度重要なものであるか」を判断することはできません。結局、人間が大量の文書を選別し、重要度を判断しなければならないことに変わりはありません。

文章作成の効率化は、多くの場合、その文章を読む側の仕事を増やすので、文章作成だけが効率化するのは組織全体としてみるとバランスが悪いのです。こうなると、ＣｈａｔＧＰＴなどの生成ＡＩは組織全体、ひいては社会全体の生産性をあげるとは限らないことになります。

日本が目指すべき方向

ＣｈａｔＧＰＴなどの生成ＡＩで効率化できるのは、企業の業務のほんの一部にしかすぎません。そうなると、いま求められているのはむしろ、生成ＡＩが効力を発揮しないような業務を効率化する技術、となります。そうした技術は日本だけでなく、世界でも需要があるはずです。さらに海外勢も研究開発が進んでいるとはいえません。

そうなると日本に求められるのは、生成ＡＩで海外の後追いをするよりも、ＣｈａｔＧＰＴなどの生成ＡＩでは解決できない課題を解決するための技術を研究開発して、先手を打つということになります。もし実現されれば、海外も研究開発が進んでいませんから、世界のトップに立てるチャンスがあります。しかし、日本の現状は国も企業も目の前のブームを追うこと、ＣｈａｔＧＰＴに対抗するものを作ることに関心がいっているようです。

また、世の中で提案・紹介されている応用事例の大半は、企業自身の効率化を目指すものが大半です。しかし、本当に求められるものは、今後の顧客や社会にとってメリットが出るようなＡＩの使い方です。それは自社にとって短期的には不利益になるかもしれませんが、顧客や社会の信頼を得ることが長期的には企業の利益につながるはずです。

生成ＡＩによる効率化の効果を適切に活かさないと、いまとは比べものにならないほど、大量のコンテンツが生成され、大量に消費、または埋もれていくのかもしれません。

第3章

インターネットを終焉させるのか

ウェブ検索vs生成ＡＩ

これまで、何か情報を調べようと思ったら、ウェブ検索。例えばグーグルなどを利用してきた人は多いはずです。インターネット上に無数にあるウェブページの中から、自分の関心がある情報が出ているウェブページを見つける手段として、ウェブ検索は欠くことのできないサービスです。

さてＣｈａｔＧＰＴなどの生成ＡＩは、そのウェブ検索としばしば対比されます。両者の目的は似ています。利用者が知りたい情報に関わる何らかの入力をすると、ウェブ検索も生成ＡＩも、利用者がその情報を得られるようにしてくれます。

ウェブ検索の結果、そのキーワードに関するウェブページへのＵＲＬ、つまりリンクが結果として返されます。利用者は、そのＵＲＬ先のウェブページを開いて、調べた情報が書かれた部分を探さなければなりません。ただし、そのＵＲＬ先のウェブページを見ても期待外れのこともあります。

一方、生成AIは知りたい情報そのものが結果として返ってきます。どちらが楽だと思うでしょうか。利用者が知りたい情報を手っ取り早く知りたいだけならば、ウェブ検索よりChatGPTに聞く方が便利だと感じるでしょう。その結果、ウェブ検索よりも生成AIを使うという方は多くなると予想されます。

その影響を直接的に受けるのはウェブ検索の事業者であり、中でもウェブ検索で大きなシェアをもつグーグルでしょう。そしてグーグルは、ウェブ検索連動型広告、つまりウェブ検索において、検索の内容に関連する広告を表示することにより、大きな収益を得ています。つまりグーグルはウェブ検索の利用が減ることでウェブ検索連動型広告による売上が減ることになります。

グーグルが恐れていること

ChatGPTのような生成AIが普及すれば検索がスルーされるということは、グーグルも想定していたに違いありません。後述するように、対策を打つべく動き出してもいるでしょう。しかし、グーグルが真に恐れているのは、その先、人々がウェブページを見なくなる事態だと思われます。

その事態に至るには、同時に起こりうる可能性が高い、次の3つのシナリオが考えられます。

①現在インターネットは無数のウェブページで溢れており、利用者が見知らぬウェブページに辿り着くための最有力手段がウェブ検索であるが、そのウェブ検索の利用が減れば、見知らぬウェブページを見る機会は減る。

②生成ＡＩは人々が知りたい情報そのものを教えてくれることから、利用者は生成ＡＩの結果に満足して、その情報の元になったウェブページ自体を見る機会が減ってしまう。

③生成ＡＩを利用すればウェブページを容易に作ることができるようになるため、ウェブページの乱造も懸念される。しかしＡＩが生成したウェブページの質は高いとはいえず、利用者は、ウェブページは質の低い情報とみなして、見なくなってしまう。

こうなると、グーグルは大変です。というのは、グーグルの売上の大部分は広告関連であり、ひとつは前述のウェブ検索連動型広告による売上ですが、もうひとつは他のネットサービス事業者を含めて、他者のウェブページに表示する広告に対する広告代理店としての売上です。

例えばグーグルのアドセンスの仕組みは、広告主がグーグルに広告料（出稿料）を払い、広告を表示するウェブページの運営者には、利用者がウェブページで広告を目にした回数やクリックした数に応じて、グーグルから掲載料（報酬）が支払われるというものです。

このウェブ広告の仕組みでグーグルが得る広告収益は、年間545億4800万ドル（約7兆3000億円、2023年）にも達します。

広告を表示するウェブページが見られる機会が減れば、ネット広告の効果は下がります。そうなると広告主が支払う広告料は自ずと下がることになり、グーグルの売上も減ることになります。

なお、前述の③により、短期的には生成AIによるウェブページの乱造で、広告を掲載するウェブページの数は増えると予想されます。しかし、広告主の広告予算は増えるとは限らず、ウェブページの増加はグーグルにとっては手間だけ増えて、売上増には繋がらないはずです。

なお、生成ＡＩとネット広告の組み合わせも想定されますが、これについては本章の後半で議論することにします。

ネットビジネスの終焉

生成ＡＩにより、ウェブページが見られる機会が減る問題は、グーグルなどのネット広告の代理店への影響だけではとどまりません。これまで20年以上続いてきた、インターネットのビジネスモデルを破壊する恐れがあるのです。

ネット広告がこれまで成立していたのは、ウェブページが読まれることで、そのページに広告を表示させているウェブページ運営者が、掲載料という収入を得られる仕組みがあったからです。インターネット上の無料ネットサービス、例えばＳＮＳ、ブログ提供サービス、ニュースサイトやゲームの多くが無料で提供できているのは、こうした広告表示による掲載料という収入があるからこそです。

しかし、ネット広告の効果が下がれば、ネット広告を表示することで得られていた掲載料も減ることになります。個人でも、人々の関心を引きそうな話題をウェブページで提供することで、ネット広告の表示の対価をもらっていた方は、広告の掲載料という収入が減ることになります。

無料ネットサービスの多くは、その運営費を広告掲載料に頼っていることが少なくありません。その掲載料が減れば、残念ですが多くの無料ネットサービスが持続できなくなるでしょう。

利用者が無料ブログサービスに作ったウェブページや、無料のSNSへの書き込みも、それらのサービスの停止とともにアクセスできなくなります。そして、インターネット上では情報の枯渇が起きる可能性もあります。

そうなる前に無料のネットサービスが有料化する、つまり利用者から対価をとるものになればいいわけですが、利用者は無料提供に慣れてしまっており、お金を払ってくれるとは限りません。

生成AIを利用したウェブ検索

当然ながら、ウェブ検索もそのまま衰退するのではなく、むしろ生成AIを利用することで進化を試みるでしょう。例えばマイクロソフトのウェブ検索BingはChatG

PTを呼び出すことができますが、その段階にとどまらず、ウェブ検索そのものが生成AIの技術を利用することで、スマート化することが想定されます。

現在のウェブ検索の入力は基本的にキーワードを想定しています。キーワードの代わりに自然言語による文章で検索の対象を指示できるウェブ検索サービスもありますが、そこで入力できる文章は非常に制限されたものに限られます。

しかし今後は、生成AIを利用することにより、長い文章の検索も可能になるでしょう。例えば「神保町エリアで2022年以降にオープンした、14時以降も営業しているカレー屋を教えて」のような入力も可能になるでしょう。また、著作権法的な整理が必要ですが、生成AIの要約機能により、検索結果となる当該ウェブページのURLだけでなく、そのウェブページの要約もいっしょに示すことが、技術的には可能なはずです。

この他、コンテキスト（状況）に基づく検索や利用者ニーズに応じた検索、例えば「ここから徒歩10分以内のところにあるイタリアン」のように、現在位置というコンテキストに基づく検索も登場するでしょう。

このようにウェブ検索の進化もまた、生成AIを活かしたものが多くなります。ただし、ウェブ検索である以上、利用者が知りたい情報が出ているウェブページが知らされることに変わりはないわけで、知りたい情報そのものが欲しいのであれば、生成ＡＩの方を使ってしまうことになるのではないでしょうか。

ネット広告と生成ＡＩ

ネット広告業界は、広告用のコンテンツ制作に生成ＡＩを導入することで、広告制作費を下げることを期待しており、一部では生成ＡＩを利用した宣伝画像や動画が登場しています。ただし、先述のように生成ＡＩはネット広告の効果を下げるという矛盾した状況が生まれることになるでしょう。

ただ、ネット広告業界はこれまでもサードパーティークッキー制限など、様々な規制を受けてきましたが、新たな技術で規制を避けつつ進化してきました。生成ＡＩでネット広告の効果が下がっても、様々な方策を立ててくるでしょう。

現在、広告効果を高める方法で多用されているのが、利用者の関心や興味に合わせたターゲティング広告です。これまでのターゲティング広告は、ウェブページを観覧している利用者（正しくはその利用者のウェブブラウザ）の過去のウェブ閲覧履歴を、サードパーティークッキーなどで捕捉して、例えばインテリアデザインを紹介するウェブを頻繁に見ている人ならば、インテリア用品の広告を表示する、などという手法でした。

　生成AIを駆使することでターゲティング広告も進化します。ウェブページがみられる回数が減った分、広告の効果をより高める方策をとることになります。その代表的な方法は、単に広告を見せるだけでなく、その先の購買可能性をより高める内容にするというものです。広告の種別のターゲティングだけでなく、広告の中身、例えば広告のコピー（宣伝文句）や映像を、利用者の関心事に応じて、生成AIで動的に生成するということが行われるでしょう。

　その例を想像すると、仮に利用者が戸建てではなく、マンションに住んでいると想定されるのであれば、インテリア用品がマンションの一室に置かれている画像を動的に生成し、それを表示するネット広告が出てくる……というものになります。また、その際の宣伝文句も、若い独身者向けとファミリー向け、高齢者向けで変えることもできるはずです。また、第2章で述べたように、生成AIを活かすことで、広告中に商品やサービスについて質問すると回答する、インタラクティブな広告も登場するでしょう。

　広告が見られなくなると困るのは、広告の掲載料をもらう側であるウェブサイトの提供者も同じです。例えばオンラインメディアなどでは、読者の関心を引くためにトップページに表示している記事一覧も、利用者の関心事に応じて並べ替えているところがあります。

今後は生成ＡＩを駆使することで、記事の内容そのものを「特定の読者一人に向けた」ものに動的に生成することで、読者の関心事に合わせる、記事内容のターゲティング化が進むと想定されます。

例えば、遊園地がオープンした旨の記事がオンラインのニュースサイトに登場する場合、経済に関心がある読者には遊園地による経済効果を詳しく書いた記事を生成して、レジャーに興味がある人には遊園地の施設について詳しく説明する記事を生成するというものです。

雑誌系やウェブのみのメディアは、もともと記事の作り方自体が特定の読者層を想定したものなので影響は少ないですが、新聞の場合には、「読者層に合わせた記事づくり」がどこまで許されるのか、という問題に向き合わざるを得ません。

従来、新聞はプッシュメディア、つまり不特定多数のターゲットに対して一斉に情報を発信し、記事内容や問題の認知度を高めることに存在意義がありました。さまざまな層の大勢の読者が読んでいるからこそ、「日本社会で生活するうえで、知っておくべき出来事や事件」を掲載する必要があったのです。そのため「記事一覧の並びだけではなく、記事内容そのものも読者に合わせてターゲティングし、読者の関心事に合わせたものにしても良いのかどうか。AIが動的に生成することで、一人ひとりが見ている記事が違うという状態に新聞もなってよいのかは、議論があるところだと思います。

生成AIとステルスマーケティング

生成AIと広告の組み合わせについて言及しましたが、組み合わせたときに問題になるのは、生成AIの中立性、または偏り（バイアス）です。

本章冒頭で取り上げたウェブ検索については、検索結果の順番の恣意性が問題になったことがありました。広告出稿料を多く払っている事業者のウェブページのほうが、検索結果の上位に並んでいるのではないかという疑念です。そこでグーグルのウェブ検索では、ウェブ検索連動型広告に関しては、検索結果の上位に表示されながらも、広告であることが明示されるという仕組みになっています。また、広告という明示がなくても、ウェブ検索の検索結果のURLが示すウェブページを見れば広告なのか、通常の検索結果なのかが区別できることもあります。

しかし生成AIで起きうる問題は、ウェブ検索よりも深刻化するでしょう。ある料理のレシピを生成AIに尋ねたら、特定のメーカーの特定の調味料を使ったレシピが出てきたとしましょう。このとき、その生成AIの訓練データに含まれていた結果なのか、広告のために恣意的に作られたものかは、利用者側からは判断できません。つまり生成AIの出力は、ある種のステルスマーケティングとして調整されたものだったとしても判別が難しいのです。

同時に、仮に生成AIの事業者が恣意的な文章を生成していなかったとしても、それを証明するのは難しいのです。というのは、生成AIはその仕組みが完全には解明されていません。訓練データがどのように学習モデルに反映して、その学習モデルがどうしてその文章を生成したのかは、生成AIの事業者もわからないほど複雑なのです。

フィルターバブル、エコーチェンバー

ターゲティング広告はウェブ閲覧履歴や検索履歴を分析することで、利用者が関心をもつ情報を提示する一方、利用者の関心や観点に合わない情報からは隔離され、自身の考え方や価値観の「バブル」の中に孤立させるフィルターバブルを生み出しているとい

われます。生成ＡＩも、利用者の関心や観点を分析して、その利用者の考え方や価値観にあったコンテンツを優先して作り出すことが可能です。

従来のフィルターバブルは、数多くの情報の中から、利用者にとって関心や観点に合う情報を選ぶことで実現していました。一方、生成ＡＩが生み出すフィルターバブルは、利用者の関心や観点に合う情報を〝作り出す〟ことで実現します。つまり、これまでは、既存のデータの中から表示させる情報をアルゴリズムで選ぶことでフィルターバブルを形成していたのにすぎませんが、生成ＡＩを利用する場合、フィルターバブルの形成に求められるような情報を新たに作ってしまうことになります。この結果、従来と比べて、より強固なフィルターバブルになってしまうはずです。

また、ＳＮＳは、利用者が自分と似た関心や観点をもつ別の利用者をフォローする結果、意見をＳＮＳで発信すると自分と似た意見が返ってくるという状況、つまりエコーチェンバーが起きやすいとされています。生成ＡＩとの対話においても、その生成ＡＩが利用者の関心や観点にあった文章を生成することで、エコーチェンバーを実現できてしまいます。

ＳＮＳのエコーチェンバーでは、ある利用者の関心や観点が先鋭化してしまった場合、別の利用者もその先鋭化についていけるとは限りませんでした。このため、極端に先鋭化した利用者は孤立化しやすかったのです。しかし、生成ＡＩが利用者の対話の相手になっているとき、利用者の関心や観点が先鋭化した場合でも、生成ＡＩはその先鋭化に合わせることができ、対話はもちろん、賛同するような文章を作り続けるでしょう。

例えば生成ＡＩが架空の人物をＳＮＳ上に作り、利用者がその人物と友達になったとき、生成ＡＩを駆使して利用者の関心や観点に近い情報を生成していけば、生成ＡＩを使わないＳＮＳと比べてさらに強いエコーチェンバーに身を置くことになります。

生成ＡＩの共食い

今後、生成ＡＩに関して懸念される状況の一つに「生成ＡＩの共食い」と呼ばれる現象があります。

ウェブ系のコンテンツは、常態化したコストカットに加えてウェブ広告の掲載料まで減っていくと、そのコンテンツの制作費を削減することになります。すると、以前は人間のライターやイラストレーターに依頼していた案件が、生成ＡＩに置き換わっていく傾向が強まっていくことが想定されます。この傾向が進むことによって、生成ＡＩが作ったコンテンツが世の中に増えることになります。

その場合、次に起きうることは、生成ＡＩが人の書いた文章や人が描いた絵ではなく、ＡＩで生成された文章や画像を学習するという事態です。つまり「生成ＡＩの共食い」が起きてくるでしょう。

人間が書いた文章とＡＩが生成した文章、人間が描いた画像とＡＩが生成した画像を区別することはＡＩにとっても容易ではありません。従って、生成ＡＩは、人間が作ったコンテンツと、ＡＩが作ったコンテンツを区別せずに訓練データとして使ってしまいます。

さて、生成ＡＩが生成した文章や画像は、人間によるものより品質が落ちることが多いのが実状です。

すると生成ＡＩは、訓練データの劣化によって、それが生成するコンテンツも劣化していくことが予想されます。特に、生成ＡＩが別のＡＩによって作成された間違った文章を学習すると、学習した側のＡＩも間違った文章を生成することになり、間違った情報がさらに拡散されます。そうして劣化が続いた結果、ウェブページは総じて質が低い情報として扱われるようになり、利用者がウェブページをみる機会は減っていくことになるでしょう。

なおChatGPTは、ChatGPTが公表される前の2022年1月以前のウェブ情報を訓練データにしています。今後、より新しいウェブ情報を学習させる可能性はありますが、ChatGPTが公表される前、つまり2022年11月以前のウェブ情報に限定させて、自らが生成した情報を避けている可能性があります。

生成AIがもたらす、ポスト・ネット広告

ウェブページが見られなくなるとネット広告の効果は下がり、その代理店的ビジネスを行う事業者は売上が下がっていくと考えられます。同時にウェブページにネット広告を表示させることで収入を得ていたネットサービス事業者も、広告掲載料が減ることになります。有料化できるネットサービスはわずかでしょう。

無料のネットサービスを継続するには、ネット広告の効果を高めて、広告料収入を高める方向性があります。一層のターゲティングを進めることや、成功報酬型広告、つまり広告を掲載した商品を利用者が購入すると報酬をもらうビジネスモデルへの移行などがあるでしょう。

一方で、ネットサービス事業者の中には、広告料による収入を諦めて、利用者に関する情報などを第三者に販売することで収益を確保するという方向性もありえます。ただ、どちらの方向性も、ネットサービスを広告効果のない利用者だけに限定する、または高く売れる利用者情報に関わる利用者だけに限定することも想定されます。これまでのように誰でも同様の無料ネットサービスを受けられる時代は、終わる可能性が高いです。

第4章

リスクと弱点

3種類のリスク

各国がAI規制に動いていることからも分かるように、ChatGPTを含めて生成AIは、効用がある一方で数多くのリスクがあります。新しい技術が登場すると、その利便性に目が行きがちですが、技術にはリスクもあります。新しい技術を導入するときは、利便性だけでなく、そのリスク対策のコストも含めて判断すべきです。

第2章で個々の応用事例における留意点を述べましたが、本章では共通のリスクを扱います。ChatGPTを含む生成AIのリスクを3つの種別、①機能・品質リスク、②セキュリティリスク、③法的・倫理的リスク、に分けて考えてみましょう。

①機能・品質リスク

出力における誤り、低品質な文章、中立性

②セキュリティリスク

情報漏洩、個人情報とプライバシーに関わる問題、不正利用のための文章・プログラムの作成

③法的・倫理的リスク
著作権などの権利侵害、不適切な表現・フェイク情報の生成
※なお、個人情報と著作権などの法律に関わるリスクは第5章で議論することにします。

機能・品質リスク：出力における誤り

まず「出力における誤り」について考えていきましょう。

ChatGPTに対する批判の一つに、「ChatGPTは平気で嘘をつく」があります。実際、ChatGPTの出力は間違った内容を含むことがあります。出力における誤りをゼロにすることは原理的に難しく、誤りがあることを前提にした利用が求められます。

ただ、その間違える理由がわかると対策も立てやすいことから、ここではChatGPTを中心に生成AIが誤る理由をあげます。

- 学習対象となる訓練データの文章が間違っていた
- 学習モデルは最大確率の単語を選ぶとは限らない
- 学習モデルの幻覚（ＡＩハルシネーション）による影響
- 間違い補正における間違いの混入
- 「無知の知」がない

機械学習によるＡＩ全般にいえることですが、訓練データが不正確であれば出力結果も不正確になります。ＣｈａｔＧＰＴの場合、ウェブ上の文章を訓練データにしていますが、ウェブ上の文章には不正確なものも少なくありません。さらに機械学習の特性上、対象のデータ量が少ない場合にも、出力の精度が落ち、誤りが入りやすくなります。

第１章で、文章生成をするＣｈａｔＧＰＴなどのＡＩの学習モデルは、簡単にいうと、ある単語のあとに続く単語の候補をその確率（接続可能性）とともに表したものであると説明しました。しかし、後に続く単語を選ぶときに一番確率が高い単語を選んでいるとは限りません。

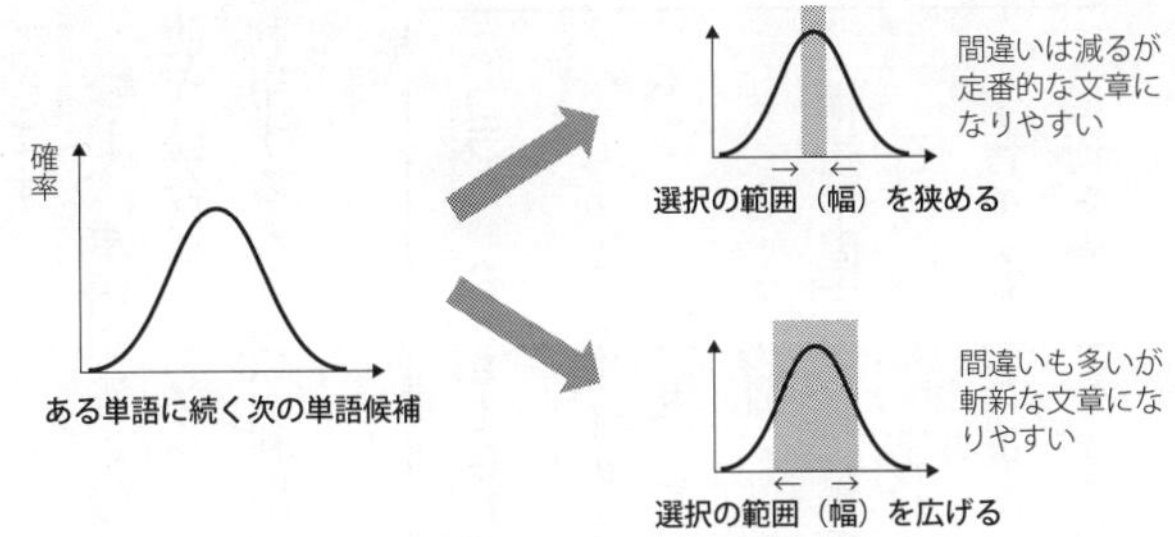

●図7　学習モデルのおける単語の選択範囲の変更

ある単語の後に続く単語の候補と確率を分布図としたとき（図7）、山の頂上付近にある単語は後に続く確率が高いことになります。ただ、ＣｈａｔＧＰＴでは選択対象となる単語を分布の幅として与え、その幅の中から選んでいます。

　ＣｈａｔＧＰＴがメディアやネットで取り上げられた当時、ＣｈａｔＧＰＴに小説を書かせる、詩を書かせるというのが流行りました。小説や詩は読者の想定を超えた展開や表現が求められますが、ＣｈａｔＧＰＴが生成した小説や詩は、確かに読者の想定を超えるところがありました。

　これができたのは、ＣｈａｔＧＰＴが常に一番確率が高いものを選ぶとは限らず、やや低い確率の単語を選ぶことがあったからです。逆に単語のつながりが一番確率の高い単語だけを選ぶと、文章の中の誤りは減るかもしれませんが、当たり前の単語の繋がりとなり、つまらない文章が出できます。

なお、単語を選ぶ幅については、オープンAIのウェブサイトからChatGPTを使う場合はオープンAIによって決められますが、ウェブAPIからChatGPTを利用するときは、利用者がその幅を調整できます。

コラム●ChatGPTの出力に再現性がない理由

ChatGPTの出力は実行する度に生成される文章が変わります。その理由をオープンAIは公表していませんが、おそらく前述の単語の選び方に起因すると推測されます。というのは、学習モデルには大量の確率量を含むとしても、その量や学習モデルの構造は固定的なはずで、学習モデルそのものは不確定の要素はないとおもわれます。

それにも関わらず、出力する度に違う文章になるのは、ある単語に続く単語の候補を学習モデルから選ぶときに、その候補が複数あり、その中からひとつの単語を選ぶときに何らかのランダム性があるからと推測されます。

「無知の知」がない

次に学習の幻覚の影響を考えましょう。生成ＡＩは、本来存在しない情報を勝手に作り出してしまうことがあります。こうした状況をＡＩが幻覚（ハルシネーション）を見るといいます。ＣｈａｔＧＰＴのような対話ＡＩの場合、その幻覚があたかも本当の情報であるかのように文章を生成してしまうのです。

しかし、幻覚を一切、なくすことは困難でしょう。というのは、機械学習系のＡＩには、学習用データから法則を獲得して、その法則を適用することで未知のデータに対応できるという「汎化《はんか》」と呼ばれる特質があります。幻覚はこの汎化と密接な関係があるとされ、幻覚を減らすと汎化も減る可能性があるからです。

ところで、第1章で、ＣｈａｔＧＰＴでは学習モデルの間違いを減らすために生成結果を人間がスコアリングしていることを説明しましたが、そのスコアリングを人間が間違えたり、恣意的にスコアリングを調整したりすれば、学習モデルも間違った調整（チューニング）をされることになります。

ここで重要なのは、生成ＡＩは誤った出力となる要素が複数あり、それらの要素は恣意的に誤らせることもできる、という点です。この結果、本章の後半で議論するように出力を恣意的に偏らせることも簡単ということです。

ＣｈａｔＧＰＴは、確率的に単語と単語を繋いで文章を作っているだけです。人間の場合、自分が知らないことを質問されれば、わからないと答えると思いますが、ＣｈａｔＧＰＴは知っていることと知らないことの区別がないので、質問されれば何らかの回答をしてしまいます。もちろん、ＣｈａｔＧＰＴは質問によっては対象の訓練データが不十分であると返すことがありますが、それは単純にデータ不足であり、知らないという意味ではありません。

つまり、ＣｈａｔＧＰＴには「無知の知」がありません。かつてソクラテスは、「無知の知」、知らないことがあると認識している者は、その認識がない者より賢いと指摘しましたが、その意味では人間の方が賢いことになります。

コラム●個人に関する情報を生成させること

ＣｈａｔＧＰＴが流行し始めた頃、ＣｈａｔＧＰＴの出力の誤りなどをＳＮＳに投稿して、面白がる、またはＣｈａｔＧＰＴには問題があるという指摘をされる方々が散見されました。典型は利用者自身や知人の名前を入力して、その人物に関する説明の間違いを揶揄《やゆ》するという内容でした。

機械学習によるＡＩは、対象のデータ量が少ない場合、出力の精度が落ちます。個人や特定の地域の情報は訓練データが少ないといえて、正確な情報は期待するべきではありません。また、そもそも同姓同名者がいたりすれば、ＣｈａｔＧＰＴが別人の情報を出力している可能性もあります。

ＣｈａｔＧＰＴを含めて、ＡＩは道具であり、道具の特性を活かせるところで使うべきで、ＣｈａｔＧＰＴに情報の少ない特定の個人や地域に関する情報を求めるのは、トンカチで料理するようなものなのです。

機能・品質リスク：低品質な文章

次に「低品質な文章」のリスクを考えましょう。当初、ＣｈａｔＧＰＴが生成した文章は品質が低いという指摘がありました。過去にインターネットが登場したときも、通信品質を問題視して従前のネットワークに拘《こだわ》った方々がおられましたが、新しい技術が出てきたとき、品質はその技術を導入しない理由にされがちです。

しかし人間が作業をしたからといって、誰もが質の高い文章を書けるとはいえませんし、すべての文章に高い品質が必要なわけではないはずです。ＣｈａｔＧＰＴの品質で許容できるところで使えばいいのではないでしょうか。

むしろ品質に関して、ＣｈａｔＧＰＴの興味深い点は、思った以上に品質を維持していることです。これまでにも機械学習を利用した対話ＡＩが提供されましたが、その多くは長期にわたって品質を維持することができず、サービス終了などの結末を迎えています。

例えばマイクロソフトは、２０１６年3月23日に、ツイッター上で書き込むボットとして「Ｔａｙ」を公表しました。「Ｔａｙ」は機械学習を駆使した対話ＡＩで、米国の18～24歳を対象とする利用者のニックネームや好きな食べ物などプロフィール情報を追跡し、相手に応じて返答を変え、さらに対話を繰り返して学習する――はずでした。

しかし、「Ｔａｙ」は開始後わずか数時間で、誹謗中傷、差別的発言を行うようになり、さらにはヒトラーへの賞賛まで発言したことで、わずか16時間で停止。公表から二日後の3月25日には、マイクロソフトは謝罪に追い込まれました。マイクロソフトは、複数の利用者が入力した内容により、Ｔａｙの会話能力が不適切な学習をしてしまったことによって、間違った方向の発言を行うようになったと分析しています。

これは対話ＡＩに限らず、機械学習が新しい情報に影響されやすいことが背景にあります。人間は、知っている情報と同じ対象でありながらも違う情報を新たに知った場合、前から知っている情報も新しい情報も共存しますが、機械学習の学習モデルは前から知っている情報は、同じ対象に関する新たに知った情報によって上書きされてしまう、つまり忘却しがちなのです。いわば、人間は同じ対象の情報も「別名ファイルで保存」ができますが、ＡＩは上書き保存しかできないのです。

当初の学習モデルが正しい情報から構築されていても、別の新しい情報で上書きされてしまうため、その新しい情報が間違っている場合は品質を維持することはできなくなります。

親しくなれない対話相手

対話ＡＩは昔からある定番のＡＩ応用で、これまでにも機械学習を利用した対話ＡＩが登場しましたが、実用に耐えた例はほとんどありません。その意味でＣｈａｔＧＰＴは、自然な会話ができ、さらに大きく品質劣化していない点で画期的だったといえます。

ＣｈａｔＧＰＴが品質を維持できている理由として、ＣｈａｔＧＰＴは利用者のプロンプトを学習対象から外していることが推測されます。また対話では、その対話のセッション中だけは、利用者のプロンプトを加味して文章を生成しますが、別のセッションには、そのプロンプトは反映させていないと思われます。

これによって、利用者の入力に引きずられることなく一定の水準の出力を保てているのです。とはいえ、その結果、利用者からみると、ＣｈａｔＧＰＴは対話が終わると、利用者のことを忘れてしまう、つまり初対面に戻ってしまうので、ＣｈａｔＧＰＴは親しくなれない対話相手という一面もあります（ただし、アプリケーションなどからＡＰＩで呼び出し、アプリケーション側で過去の対話のデータベースを組み込めば、過去の対話を活かせます）。

機能・品質リスク：偏り（リベラル寄り？）

現状、生成ＡＩの品質の課題としては、出力の間違いなどが注目されていますが、長期的に深刻な課題となるのは中立性、つまり出力に偏り（バイアス）がないといえるのかという問題だと思われます。

ＣｈａｔＧＰＴの出力は、ややリベラル寄りといわれています。このため米国のトランプ前大統領支持者には、ＣｈａｔＧＰＴに対して批判的な人が多いとされます。ただし、オープンＡＩは生成の結果の偏りを認めていません。ここでは偏っていることを前提に、偏った原因を推測していきます。

ＣｈａｔＧＰＴの開発・提供元のオープンＡＩは、ＣｈａｔＧＰＴの出力に誹謗中傷や差別的な表現や内容が含まれることを嫌っています。先ほど述べたように、既存の対話ＡＩはその表現が制御できなくなり、停止に追い込まれたものもあったからです。

これを防ぐ方法のひとつは利用者のプロンプトの学習をしないことですが、加えて訓練データを選ぶという方法があります。おそらくＣｈａｔＧＰＴの場合、ウェブから集めた文章すべてを訓練データにするのではなく、誹謗中傷や差別的な表現を含む文章を訓練データから外していると推測されます。そのような表現を避けるには、そもそも訓練データに入れないことが、効果的かつ確実な方法だからです。

そして、リベラル側の方々が書いたウェブ上の文章に比べて、リベラルではない側の方々が書かれたウェブ上の文章には誹謗中傷や差別的な表現が含まれることが相対的に多いといわれます。仮にオープンＡＩが誹謗中傷や差別的な表現を含む文章を訓練データの対象から外したとすると、ＣｈａｔＧＰＴの訓練データは、リベラルではない側の文章が相対的に減ることとなり、結果としてリベラル寄りになったのではないかと推測されます。

ちなみに、オープンＡＩがＣｈａｔＧＰＴの学習モデルＧＰＴ３を構築するときは、ウェブからクローリング、つまり集めた文章量は45ＴＢだったそうです。それを選別して訓練データとして利用したのは５７０ＧＢ分の文章だったとされており、オープンＡＩは訓練データを相当厳選しているとみるべきでしょう。

生成ＡＩは中立といえるのか

このように、ＣｈａｔＧＰＴを含めて生成ＡＩの出力は中立、つまり偏りがない（バイアスがない）とはいえません。むしろ、中立な生成ＡＩを作ることは容易ではないと考えるべきです。

前述の例では、誹謗中傷や差別的な表現を避けるためとはいえ、訓練データが偏っていたために生じたと想像されますが、それ以外にも生成ＡＩにおいてその出力を恣意的に歪める方法はいくつかあります。

①訓練データの選別を偏らせる（前述の例）
②学習モデルの構築アルゴリズムまたは学習モデル調整（チューニング）により、学習モデルを歪める
③学習モデルから文章を生成するアルゴリズムにおいて出力を歪める
④学習モデルに対する間違い補正作業において偏った補正を行う
⑤利用者が入力したプロンプトを恣意的に改変、または拒絶する
⑥生成した出力を恣意的に変形する

ここにあげた方法は、生成ＡＩを構築・提供する事業者にとってはそれほど難しいことではないはずです。いいかえれば生成ＡＩの事業者は生成ＡＩの出力を歪める、つまり偏らせようと思えば簡単にできることになります。また、処理の過程で、意図せず出力を偏らせることもありえます。

第3章で、生成ＡＩの出力が特定の企業や製品に有利になる、ステルスマーケティングに使われるケースを指摘しました。そのような出力も、これらの方法により実現でき

ます。そのとき利用者も、生成ＡＩの出力が偏っているとわかるとは限りません。

また、本章のコラムで述べたように、ＣｈａｔＧＰＴは同じプロンプトを与えても生成される文章は毎回違うために、文章内容が恣意的に偏っているのか、たまたま偏っているのかを判別するための再実験ができません。いいかえると生成ＡＩの事業者は、たまたまその出力だけが偏っていたという言い訳ができることになります。

今後、生成ＡＩの出力も、ターゲティング広告のように利用者の関心事に合わせてカスタマイズされることが予想されますが、その場合、利用者にカスタマイズした結果なのか、事業者が恣意的に偏らせたのかの判別は不可能でしょう。

一方で、生成ＡＩの出力が偏っていないことを事業者が証明することも困難です。生成ＡＩの学習モデルの仕組みは完全には解明されておらず、ある出力に対して、どうしてその出力が生成されたのかは、生成ＡＩの事業者でも説明できるとは限らないからです。

セキュリティリスク

他の情報システムと同様に、生成ＡＩには多様なセキュリティリスクがありますが、ここでは生成ＡＩに特有なものを中心に紹介します。

①セキュリティリスク：情報漏洩

「情報漏洩」はしばしば指摘されるリスクですが、誤解に基づく懸念も多く、整理が必要でしょう。

入力時の情報漏洩のリスクは、ウェブ検索サービスの利用でもあり得ました。ウェブ検索において利用者が入力するのは、検索のためのキーワードですが、キーワードから利用者の関心事などが推測されるリスクがあったのです。

同様に、生成ＡＩの場合、情報漏洩が懸念される情報は、生成ＡＩへの入力、つまりプロンプトになります。

生成ＡＩの場合、ウェブ検索と比較して、プロンプトに大量の情報を入力しがちであることから、生成ＡＩはウェブ検索よりも情報漏洩が深刻になりやすい傾向があります。例えば生成ＡＩに書類の要約をさせた場合、その書類の内容そのものをプロンプトとして与えることになります。機密性のある書類だった場合は問題となります。

生成ＡＩはプロンプトに応じてコンテンツを生成することから、プロンプトの入力は避けられません。従って関心事は「入力した内容はどこで利用されるのか」、「ある利用者の入力がその利用者のコンテンツ生成以外に利用されることがあるのか」などになります。

コンテンツ生成をするのが生成ＡＩ事業者側であっても、生成ＡＩ事業者の利用規約で、プロンプトはコンテンツ生成だけに利用され、それ以外には利用されないことと、生成後のプロンプトを破棄することが表明されています。その表明通りにプロンプトが扱われるのであれば情報漏洩のリスクは低くなります。

一方で事業者にプロンプトが渡る以上、そのプロンプトの生成目的以外への利用を疑う場合や、プロンプトの利用目的においてセキュリティ上の懸念があるのであれば、生成ＡＩ事業者に頼らずに自前で生成ＡＩを用意するか、守秘性が低い情報だけを生成ＡＩ事業者に提供する形で利用することになります。

ここでしばしば懸念されるのは、ある利用者のプロンプトが、他の利用者の出力に反映されることがあるか否か、です。

前述のようにＣｈａｔＧＰＴの場合、プロンプトを学習モデルに反映させていないと表明されています。

また、本章の低品質な文章に関わるリスクで説明したように、利用者が入力したプロンプトを学習モデルに反映させると、学習モデルはプロンプトの特性、例えば誹謗中傷を含む表現などの影響を受けやすくなるので、プロンプトを学習させないようにした方が安全です。

そこでＣｈａｔＧＰＴの「プロンプトを学習モデルに反映していない」という表明を信じた場合、ＣｈａｔＧＰＴに関しては利用者のプロンプトの内容が別の利用者の出力に現れる可能性は低いと見るべきでしょう。

一方、生成ＡＩ全体で考えると、プロンプトの内容を積極的に学習モデルに反映させる生成ＡＩもありえます。その場合は、学習モデルを通じて、ある利用者のプロンプトの内容が他の利用者への出力に反映することが起きえます。

生成ＡＩの業務利用を考えている企業は、生成ＡＩのプロンプトとして入力した情報、例えば社内文書を要約させる場合などに、その社内文書が生成ＡＩの事業者に渡ってしまうことを懸念することが多いです。このため、過度に情報漏洩の不安を煽って、自社のソリューションを売り込む事業者も見受けられます。しかし、ＣｈａｔＧＰＴを利用する限りは、ＣｈａｔＧＰＴを提供するオープンＡＩにプロンプトが渡ることは避けられず、オープンＡＩが適切にプロンプトを扱うことを信じるしかありません。

日本はリスクがあると言われると「対策を立てなければならない」という発想になりがちです。確かにリスクは網羅的に対応すべきですが、リスクの影響と、そのリスクへの対策コストを含めて検討すべきです。

②セキュリティリスク：不正利用のための文章・プログラムの作成

ＣｈａｔＧＰＴの公表直後は、不正な目的への利用の制限は少なかったのですが、現在は、フィッシング詐欺目的のメールの生成を求めると拒絶されます。また不正利用を意図したプログラムの作成も制限されています。しかし、不正利用のためのメールやプログラムの一部分の作成は可能であり、そうして生成されたパーツを組み合わせることで、不正利用のためのメールやプログラムを構成することはできます。

かつて不正利用のためのプログラム、例えばコンピュータウイルスなどは高い専門性がないと作れませんでした。しかし、生成ＡＩによって、誰でも作れる時代になったといえます。

また生成ＡＩそのもののセキュリティリスクもあります。ＣｈａｔＧＰＴの場合、外部から学習モデルそのものの変更はできませんが、プロンプトの改変・拡張に影響を与えることはできます。

ＣｈａｔＧＰＴはサービスなどからウェブＡＰＩを介して利用できますが、サービスの利用者が文章による質問ができる場合、その質問の内容は予想できず、サービスと無関係な要求を書き込む可能性もあります。

例えば「そのサービスに関わる狭い範囲で回答せよ」との旨の指示とともに利用者の質問をＣｈａｔＧＰＴに渡すことにより、出力を制限することが行われますが、サービスの利用者がサービス事業者の制限を解除する旨の文章をいれることで、制限が解除されてしまうことがあります。ＣｈａｔＧＰＴを含めてプロンプトへの攻撃手法は今後も登場する可能性があり、攻撃と防御の間で、イタチごっことなるかもしれません。

③フェイク情報の生成

２０２２年９月、台風が静岡県を中心に甚大な被害をもたらしました。その直後、同県内の街が水没した様子とする偽画像が、ツイッターなどで拡散されました。投稿者は生成ＡＩで水没した街の虚偽の画像を生成したことを認めたとされています。

これまでも偽画像を含む多様なフェイク情報が作成され流布していましたが、インターネット、特にSNSで流布が容易になりました。そして生成AIの登場で、フェイク情報作成も容易になり、精巧なフェイク情報が大量に作れる時代になってしまいました。

もちろん、技術的にフェイク情報を判別する手法は研究開発されていますが、その手法では判別できないフェイク情報の生成手法が開発されることから、イタチごっこを続けることになるでしょう。

このため、情報そのものではなく、情報の取得から編集、公表に至るまでをトレースできるか、信頼に足る組織が行っているかが重視されることになるでしょう。そこでフェイク情報の識別ではなく、信頼（トラスト）のある情報に対して信頼を維持しながら、信頼のある情報として流通させた方がいいという考え方も出てきます。

例えばAdobeが中心となって進めている「コンテンツ認証イニシアチブ（CAI）」のように、カメラの機材情報などの取得から、編集、配信、共有、表示に至るまでを認証・トレースすることで、フェイク情報を判別する技術が有用になるでしょう。

なお、CAIを含めた情報の認証により、信頼のある情報を担保する、またはフェイク情報を判別可能にする試みはいくつか出てきていますが、情報の認証・トレースにはコストがかかります。ある情報について認証・トレースする側、つまりコスト負担者と、その認証・トレースの結果を利用する側、つまり認証・トレースの受益者が一致するとは限りません。このため、認証・トレースによる方法を含めて、情報の信頼を維持・判別する仕組みは、技術的に可能であっても、コスト負担者と受益者が一致しないと持続しないのです。また、情報への認証は、認証を受けていない組織や情報をフェイクとして排除してしまうリスクもあります。

また、フェイク情報も問題ですが、それ以上に問題になるのは、事実の情報に対してもフェイク情報というレッテルを貼る行為でしょう。

フェイク情報は生成ＡＩを駆使しても作成する手間がかかりますが、何らかの情報にフェイクというレッテルを貼るのは、「これはフェイクだ」といえばいいだけですから、簡単です。フェイク情報だけでなく、情報に貼られたフェイクというレッテルに対しても疑うことが求められることになります。

今後、精巧なフェイク情報、そしてフェイク情報というレッテルが溢れることになります。残念ですが、すでに欺されない人はいないという状況です。従って「自分は欺されない」と思うべきではありません。誰でも欺されるということを認識したうえで、情報の真偽性を見定める必要があります。

④求められるリスク対策

本章で述べたように、生成ＡＩは利便性が高い一方、様々なリスクがあります。リスク対策のコストも考慮して導入すべきですが、そのリスク対策のコストは、生成ＡＩを使う目的、さらにどんな情報を生成するのかによって違ってきます。なお、リスク対策には「回避（リスクがある事業をしない）」「転換（リスクを他者に押しつける）」「低減（リスクの影響を小さくする）」「受容性拡大（リスクを受け入れてもらう）」の４つがあるとされます。日本の企業はリスク対策として「回避」と「転換」になりがちですが、「低減」と「受容性拡大」も念頭に置くべきです。例えば生成ＡＩを利用することで起こりえる情報漏洩も、機微性の高い情報とそれ以外に分けて、後者であればＣｈａｔＧＰＴをそのまま使っても問題ないといえます。

第5章

生成ＡＩに関わる法的問題

生成ＡＩは新しい技術ですが、まずは既存法の中における位置づけを考える事が重要です。本章では著作権法と個人情報保護法の観点で、生成ＡＩの法制度を考えていきます。

ＡＩと著作権

第４章で、法的リスクとして著作権などの権利侵害を挙げました。ここでは著作権を中心に知的財産と生成ＡＩの関係を詳細に議論していきます。著作物の権利者側の団体から生成ＡＩへの懸念が報道されていますが、生成ＡＩに関わる著作権的な懸念は「既存の著作物の権利者」「生成ＡＩを利用する創作者」「生成ＡＩの出力の利用者」などの立場によって違ってきます。ここでは立場に応じて整理していきます。

まず「既存の著作物の権利者」から見た懸念を考えてみましょう。

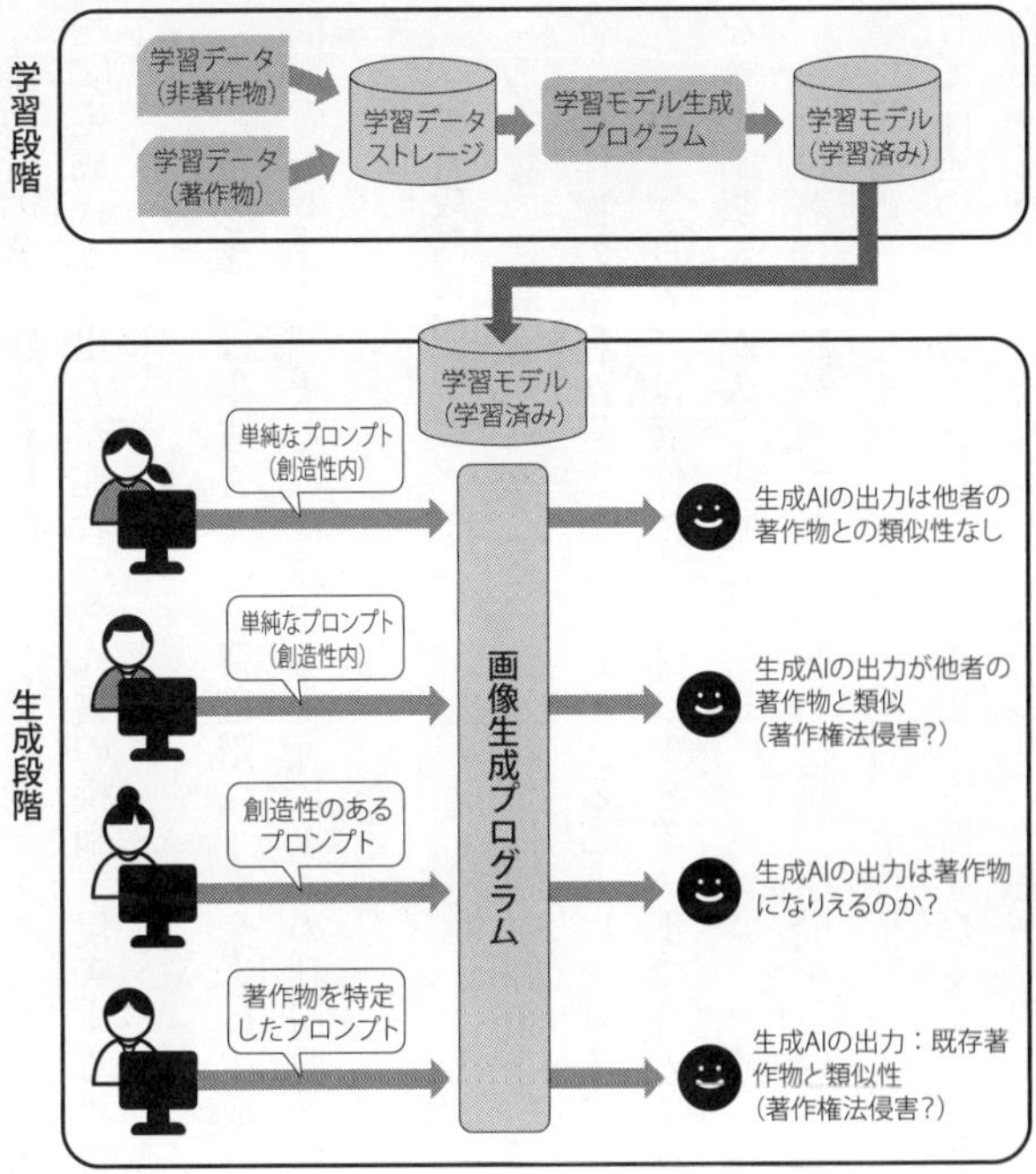

●図８　学習段階・生成段階の著作権的な問題

①他者の著作物を利用許諾無しに訓練データとして利用した場合
②生成AIの出力が他者の著作物の権利を侵害する場合

ここで懸念①は生成AIの学習段階に、懸念②は生成AIの生成段階において起きる問題となります。また、後述するように出力の利用段階における問題もあります。

Ⅰ 学習段階の問題

著作物の権利者からみると、自分の著作物が許諾なしに訓練データに含まれていた場合、著作物の権利が侵害されたと考えることになります。

一方で、日本では著作権法の2018年改正で導入された同法30条の4により、柔軟な権利制限規定が入りました。

これは著作物に表現された思想・感情の享受を目的としない著作物の利用で、さらに著作権者の利益を不当に害しない場合、著作権者の許諾は原則不要になっています。そして前述の著作物に表現された思想・感情を享受しないケースに、AIの学習データに利用する場合が含まれるとされており、他者が権利を持つ著作物を許諾なしに学習モデルの構築に利用できることになります。

なお、報道機関の記事を生成ＡＩが無断で機械学習することに対して、２０２３年10月、日本新聞協会は、文化庁の文化審議会・小委員会で、法改正を訴えています。この解釈については、まさに議論の真っ最中といえます。

コラム●著作権法30条の４

著作権法30条の４について解説します。著作権法30条の４に相当する法規が他国には存在しないことから、日本の著作権法は、生成ＡＩを含む機械学習に優しい国や、機械学習天国と称される結果となっています。

著作権法30条の４

著作物は、次に掲げる場合その他の当該著作物に表現された思想又は感情を自ら享受し又は他人に享受させることを目的としない場合には、その必要と認められる限度において、いずれの方法によるかを問わず、利用することができる。ただし、当該著作物の種類及び用途並びに当該利用の態様に照らし著作権者の利益を不当に害することとなる場合は、この限りでない。

一 著作物の録音、録画その他の利用に係る技術の開発又は実用化のための試験の用に供する場合

二 情報解析（多数の著作物その他の大量の情報から、当該情報を構成する言語、音、影像その他の要素に係る情報を抽出し、比較、分類その他の解析を行うことをいう。第四十七条の五第一項第二号において同じ。）の用に供する場合

三 前二号に掲げる場合のほか、著作物の表現についての人の知覚による認識を伴うことなく当該著作物を電子計算機による情報処理の過程における利用その他の利用（プログラムの著作物にあっては、当該著作物の電子計算機における実行を除く。）に供する場合

条文を示すだけでは分かりづらいので、著作権法30条の4を理解するために用語をいくつか解説しておきます。

「思想又は感情を自ら享受し又は他人に享受させることを目的としない場合」における

「享受」ですが、著作物（文章、絵、映像など）から知的・精神的欲求を満たすという効用を得ることに向けられた行為といえます。

生成ＡＩと関係するのが、同法30条の４の第2号「情報解析の用に供する場合」（一部省略）です。ここで情報解析には著作物をそのまま享受するのではなく、統計的分析をすることなどが対象となります。

さて生成ＡＩは、深層学習を含む機械学習を前提にしており、訓練データはある種の統計的なデータとして、学習モデルの一部になっています。そうなると他者の著作物は許諾なしに生成ＡＩの訓練データとして利用できることになります。

しかし、同法30条の４には「ただし、当該著作物の種類及び用途並びに当該利用の態様に照らし著作権者の利益を不当に害することとなる場合は、この限りでない。」という条件があり、著作物を生成ＡＩの訓練データとして利用することは、その著作物の著作権者の権利を不当に害すると考えることもできます。しかし現時点では当該の判例がないので判断できない状態です。

現在、文化庁が生成ＡＩを念頭に著作権法の法解釈の指針をまとめていますが、文化庁が著作権法を所管する省庁とはいえ、その文化庁の法解釈が訴訟においても踏襲されるとは限りません。技術屋としては著作権法30条の4を否定しませんが、後述するように生成段階における著作権法違反の条件となる依拠性の判断基準を難しくする可能性があるように考えます。

Ⅱ　生成段階の問題

生成段階における著作権上の課題は、生成ＡＩの出力が他者の著作物の侵害になるケースがあることです。また、生成ＡＩの出力が著作物になりうるかも重要となります。

さて、文化庁は生成ＡＩの出力の著作権侵害は人間による作品と同様に扱うという見解を取っています。

まず人間による作品の場合、作風やテイストが類似しているだけでは著作権侵害とはなりません。例えばジブリ風の画像や村上春樹風の文章は著作権侵害にならないということになります。人間の場合、作風やテイストを真似るには手間がかかりますし、真似た作品そのものを作るのにも手間がかかりました。

一方、生成ＡＩの場合、作風やテイストを訓練データとし、その訓練データに基づいて学習モデルを構築できれば、あとは作風やテイストを真似た多様な作品を、手間をかけずに生成できます。著作権法として侵害とはならないとしても、野放しにしていいのかという議論は当然、出てくると考えられます。

もちろん、作風やテイストだけでなく、他者の著作物と類似性が高ければ著作権法違反になるケースがあります。ただ、それには権利者側が、類似性に加えて依拠性を示す必要があります。ここで類似性は生成ＡＩの出力と他者の著作物を見る（または聴く）ことで判断できますが、依拠性、つまり他人の著作物を利用して創作したことの判断は簡単ではありません。

著作物の権利者側が、生成ＡＩの訓練データ及び学習モデルを見られるとは限りません。仮に見る機会があったとしても、訓練データは大量であり、その著作物に基づくデータが含まれていることを見つけるのは簡単ではないはずです。

また、仮に訓練データにその著作物に基づくデータが含まれていたとしても、その訓練データから構築した学習モデルの中では、著作物に基づくデータは断片化されて複数の統計量となっており、著作物に基づくデータを利用したかどうかは直ちにはわかりません。単に作風やテイスト、さらに構図などのアイデアを利用しているに過ぎず、依拠性はないという主張も成立するかもしれません。

そうなると生成ＡＩでは依拠性が判断できないので、著作権侵害の成否は類似性で判断すると割り切るという考え方も出てくるかもしれません。特に日本の場合、前述の著作権法30条の４により、他者の著作物を訓練データとして、法的に違反することなく利用できるために、依拠性の判断を難しくしている部分があります。

出力されたものの権利は

次に、生成ＡＩの出力が著作物になりうるかを考えましょう。生成ＡＩを作品作りに利用するクリエーターや表現者もいるでしょう。そうした方々の視点に立てば、次の観点が重要になります。

③人間が生成ＡＩを利用して作品を作ったとき、人間がどのように関与すると著作物になりえるのか

④人間が生成ＡＩを作品作成の支援に使う場合でも、その支援を通じてアイデアや作風もＡＩに学習されてしまうのか

そもそも著作権法では、著作物は人間による作成が前提であり、ＡＩ生成物そのものは著作物にはなりません。しかし、生成ＡＩの出力であっても、それが人間の創作的意図を含むプロンプトに基づいた出力の場合、人間による創作的意図がないとは言い切れません。

しかし、生成ＡＩの出力において人間の創作的意図を認める条件などは定まっていません。個別具体的なケースに関わる判例などを蓄積するしかないように思われます。これに関わりますが、人間による創作性が認められる出力をさせるようなプロンプトの場合、プロンプトそのものが著作物になるのかという議論も出てくるでしょう。

この他、人間による創作物と生成ＡＩの出力が見分けが付くわけではないので、二つの問題が出てきます。

ひとつめは生成ＡＩの出力にも関わらず、人間が作ったと主張する、僭称《せんしょう》されるケースを考えておくべきでしょう。僭称が直ちに見抜けるとは限らないことから、横行するおそれがあります。

例えば楽曲の場合、音階やコード進行は有限なので、コンピュータを利用して、網羅的に大量に曲を作ったのにも関わらず、人間が作曲したと主張する状況が起きえます。

楽曲に限らず、生成ＡＩの出力を人間が作成した作品と僭称する行為は、計算能力があるものほど有利になってしまいます。

二つめは逆のケースです。人間が創作したのにも関わらず、生成ＡＩが出力したものと勘違いされる、またはそのように決めつけられることが起きる可能性があります。創作者となる人間の評価を不当に下げることになりますから、深刻な問題となります。

前述の④は生成ＡＩによってはありえるでしょう。例えば画像生成ＡＩの中には特定の作風の画像を生成するために、その作風を利用者に入力させるものがありますが、その入力内容は他の利用者の生成にも利用されることを想定しておかなければなりません。

例えば、ある作風やテイストの作品を作るには、その作風やテイスト固有の特徴の抽出が必要です。その抽出には他の作風やテイストとの比較が有用であり、画像生成のために入力した作風やテイストが、その比較のために利用される事態はありえます。

また多くの画像生成ＡＩは、利用者の指示に従った画像を複数生成して、それを利用者が選択することになりますが、その選択は生成した画像にスコアリングしているのと同じであり、その選択結果が使われることも考慮しておくべきです。

Ⅲ 出力利用段階の問題

生成ＡＩと著作権法に関わる議論は、権利者側の視点が多いですが、「生成ＡＩの出力の利用者」の観点で考えると次の問題が生じます。

⑤生成ＡＩに作らせたコンテンツが著作権法などの法的な問題を起こさないのか

つまり、生成ＡＩの出力を利用したとき、その出力に関わる問題、例えば著作権侵害などが起きえます。もちろん、その利用者が他者の著作物の生成を意図した場合はその利用者にも責任があるといえますが、それ以外の場合はその利用者の責任を低減させることも求められるでしょう。

これに対処する取り組みがすでに始まっており、その一例がＡｄｏｂｅの画像生成ＡＩであるＦｉｒｅｆｌｙです。ＡｄｏｂｅはＦｉｒｅｆｌｙの利用者が、その出力に関して著作権的な問題に巻き込まれた場合、Ａｄｏｂｅが補償することを表明しています。生成ＡＩの出力の利用者からみれば、法的リスクのある生成ＡＩを使うより、Ｆｉｒｅｆｌｙのように法的リスクへの補償がある生成ＡＩは魅力的に映るはずです。

なお、なぜ法的リスクを補償できるのかというと、Ｆｉｒｅｆｌｙは、他者の著作物だがＡｄｏｂｅに許諾を受けている画像、著作権切れの画像、ライセンス的にオープンな画像など、Ａｄｏｂｅにとって著作権の問題がない画像だけを訓練データにして、独自の学習モデルを構築し、出力処理も独自で行うことにより、出力に他者の著作物に類似した画像が含まれる事態を最小化しているからです。

Ｆｉｒｅｆｌｙの取り組みは、今後の生成ＡＩを占う上でも重要です。生成ＡＩは大量の訓練データが必要であり、他者が集めたデータを利用することを想定しがちです。そして、他者が集めたデータは出所や取得経緯などが明らかとは限らず、データに著作権侵害を含む法的な問題がないかを確認するのは困難です。

このため、自社でデータを集めることで、データの出所や取得経緯を明らかにしておいた方が、結果的に手間とコストが減ることになります。従って、著作権法を含めて権利関連のリスクが懸念される現状では、訓練データの収集、学習モデルの構築、コンテンツ生成を1社で実現するという、垂直統合モデルに向かっていくでしょう。その場合、海外の大手企業が有利になる可能性が高いかもしれません。

また、画像に限りませんが、生成ＡＩの出力の利用はその利用者にも法的リスクがあ

ります し、既得権益を持つ側は法的リスクを強調または高めることで、生成ＡＩの利用を牽制する方向に動くでしょう。そうなると生成ＡＩは利用者の法的リスクを最小化しなければ利用者は増えないことになります。将来的には利用者は、生成ＡＩの出力の品質よりも、法的リスクが少ない生成ＡＩの利用を選択することになるでしょう。

いったい何年かかるのか

ここまで書いたように生成ＡＩは著作権に関わる問題や不明点が山積しています。短期的には現行の著作権法の部分的な改正で対応することになるでしょう。特に作品やデータが国際的に行き来する時代においては、著作権法は海外と揃える必要があり、日本だけで独自の対応をすることは困難です。

ただ、長期的には著作権そのものの見直しも求められます。著作権法は15世紀、グーテンベルクが活版印刷技術を発明し、それによって発生した出版産業における権利保護のために、18世紀頃に成立したものです。つまり印刷という技術から法制度の成立までに２００年から３００年がかかっていることになります。

いまの著作権法は、人間がコンテンツを作ることを前提として、ＡＩという人間以外がコンテンツを作る状況は想定しておらず、著作権そのものの見直しが避けられないかもしれません。ただ、新しい著作権に関わる法制度の成立は数年では無理で、100年とはいいませんが、少なくても数十年はかかるように想像されます。

印刷技術の進化は欧州では宗教改革を生み出し、さらに国家を専制政治から民主化に向かわせるなど、社会に大きな影響を与えました。仮に生成ＡＩが印刷を前提にした現行の著作権法を一変させるほどの影響があるとしたら、生成ＡＩも社会に大きな影響を与えることが予想されます。

判例を待たなければならない現状

生成ＡＩの権利問題は著作権だけではありません。例えば商標に類した画像などを生成するリスクもあります。また、人の画像を生成した場合は肖像権及びパブリシティ権にも留意すべきです。肖像権及びパブリシティ権も当該の法律があるわけではなく、判例などを通じてそれぞれの権利侵害の要件が定まっています。

ただし、そうした判例は特定の人物を撮影した画像であり、生成ＡＩによる特定の人物の画像ではありません。さらに生成ＡＩに特有の状況として、偶然ある特定の人物の画像を生成してしまったケースがありえますが、これも判例を待たないといけないでしょう。

現状、特許における生成ＡＩの利用については議論が進んでいませんが、生成ＡＩが文章生成の偶然などから発明相当になりうることは絶対にないとはいえず、著作権法と同様に人間以外が関与した場合の整理は求められるのではないかと想像します。また、生成ＡＩにより特許申請書類の作成が容易化して、申請が乱発されるという事態もありえます。

個人情報とプライバシーに関わる問題

知的財産と並んで懸念対象としてあげられるのは、個人情報やプライバシーに関わる問題です。生成ＡＩを利用する事業者または個人と、生成ＡＩを提供する事業者では懸念点が違います。生成ＡＩを利用する事業者または個人の場合、生成ＡＩに対するプロンプトに含まれる個人情報やプライバシーに関わる情報が問題となります。

個人情報保護法を所管する個人情報保護委員会は、２０２３年6月2日付けで生成ＡＩの利用に関わる注意喚起を行っています。一般の利用者への留意点として、生成ＡＩ

の出力に個人情報が含まれていたとしても、それは不正確な可能性があること、また、生成ＡＩを利用する個人情報取扱事業者（個人情報に関するデータベースを事業に利用する企業や組織など）に向けても注意点があげられました。

個人情報取扱事業者における注意点

①個人情報取扱事業者が生成ＡＩサービスに個人情報を含むプロンプトを入力する場合には、特定された当該個人情報の利用目的を達成するために必要な範囲内であることを十分に確認すること。

②個人情報取扱事業者が、あらかじめ本人の同意を得ることなく生成ＡＩサービスに個人データを含むプロンプトを入力し、当該個人データが当該プロンプトに対する応答結果の出力以外の目的で取り扱われる場合、当該個人情報取扱事業者は個人情報保護法の規定に違反することとなる可能性がある。そのため、このようなプロンプトの入力を行う場合には、当該生成ＡＩサービスを提供する事業者が、当該個人データを機械学習に利用しないこと等を十分に確認すること。

①は、個人情報保護法の「利用目的制限」に関わる事項であり、「個人情報」（どこの誰かがわかる情報。事業者の業務の範囲内における外部情報との照合によって、どこの誰かがわかる情報も含む）を生成ＡＩのプロンプトに入力する場合、個人本人に利用目的を明示するか、個人情報保護指針や各サービス規約などで明示するとともに、制限もその明示された個人情報の利用目的の達成に必要な範囲であることを求めています。続いて②は、個人情報保護法の「第三者提供」に関わる事項となります。個人データ（個人情報を検索などができるように体系的に集めたデータ）を生成ＡＩに入力した場合、その個人情報が出力を得るためだけに利用される場合は、個人情報保護委員会は「第三者提供」に該当しないが、それ以外は「第三者提供」に該当することから、個人からの同意などが求められることになります。

なお、出力以外の目的ですが、「当該個人データを機械学習に利用しないこと」は、生成ＡＩ事業者が入力した個人データを学習モデルに反映することを想定していると読めます。その場合、他の利用者の出力に個人データまたはその一部が含まれることになり、漏洩が起きえます。この他、出力以外の目的として、生成ＡＩ事業者が個人データをマーケティングなどに利用する場合なども含まれるでしょう。

ところで、海外の生成ＡＩに個人情報を入力するときは、より注意が必要です。同意取得時に、個人情報が提供される国や、個人情報保護に関する制度や情報を示すことが求められます。なお、本書の範囲を超えるので詳細は省きますが、持ち出した先の外国が日本と同水準の個人情報保護を行っているか否かで、生成ＡＩを利用する事業者に求められる義務が変わってくることにも注意してください。

コラム●「生成AIの事業者」の個人情報保護

個人情報保護委員会は２０２３年６月１日付で、オープンＡＩに対し注意喚起を行っていますが、この注意喚起の内容は、個人情報を保有または扱う、他の「生成ＡＩの事業者」にも当てはまると思われます。重要な箇所を抜粋します。

１　要配慮個人情報の取得

あらかじめ本人の同意を得ないで、ＣｈａｔＧＰＴの利用者（以下「利用者」という。）及び利用者以外の者を本人とする要配慮個人情報を取得しないこと

（法第20条第２項各号に該当する場合を除く。）。

特に、以下の事項を遵守すること。

(1)機械学習のために情報を収集することに関して、以下の４点を実施すること。

①収集する情報に要配慮個人情報が含まれないよう必要な取組を行うこと。

②情報の収集後できる限り即時に、収集した情報に含まれ得る要配慮個人情報をできる限り減少させるための措置を講ずること。

③上記①及び②の措置を講じてもなお収集した情報に要配慮個人情報が含まれていることが発覚した場合には、できる限り即時に、かつ、学習用データセットに加工する前に、当該要配慮個人情報を削除する又は特定の個人を識別できないようにするための措置を講ずること。

④本人又は個人情報保護委員会等が、特定のサイト又は第三者から要配慮個人情報を収集しないよう要請又は指示した場合には、拒否する正当な理由がない限り、当該要請又は指示に従うこと。

(2)利用者が機械学習に利用されないことを選択してプロンプトに入力した要配慮個人情報について、正当な理由がない限り、取り扱わないこと。

2　利用目的の通知等
利用者及び利用者以外の者を本人とする個人情報の利用目的について、日本語を用いて、利用者及び利用者以外の個人の双方に対して通知し又は公表すること。

ここで「要配慮個人情報」とは、2015年の個人情報保護法改正から導入された類型で、具体的には病歴や人種など差別などにつながりやすい個人情報です。一般の個人情報と違い、取得する前に個人本人の同意取得が義務づけられており、この注意喚起では、生成ＡＩ事業者が要配慮情報を扱う場合の義務を４つのステップで示しています。①まず訓練データに要配慮個人情報が含まれないようにしなさい、②次に訓練データの収集後に要配慮個人情報をできる限り減らしなさい、③それでも訓練データに要配慮個人情報が含まれる場合は削除または匿名化しなさい、④そして本人または個人情報保護委員会などが、特定のサイトまたは第三者から要配慮個人情報を収集しないよう要請又は指示に従いなさい、となります。

そして⑵は利用者のプロンプトに要配慮個人情報が含まれていても、利用者がプロンプトを学習モデルに反映しないことを選択しているときは、要配慮個人情報を保存・利用しないことを求めています。

加えて生成ＡＩ事業者は利用者及び利用者以外の個人情報を利用するときは、日本語でも通知することを求めています。

この注意喚起ですが、オープンＡＩに問題があったというよりも、個人情報保護委員会として、オープンＡＩの個人情報の取り扱いに留意しているという姿勢を見せることで、オープンＡＩ以外を含めて生成ＡＩ事業者の不適切な個人情報の取り扱いを未然に防ぎたかったと推測されます。

出力された個人情報

ここまではプロンプトに個人情報が含まれる場合を想定していましたが、次に生成ＡＩの出力に個人情報が含まれるケースを考えます。

訓練データに個人情報が含まれれば、それが学習モデルに残り、出力に個人情報が含まれる可能性があります。

だからといって個人情報保護法の違反になるかというと、ことはそう単純ではありません。個人情報保護法の「第三者提供に関わる規制」は、前述のように個別の個人情報ではなく、個人データ、つまり複数の個人情報を体系的に集めたデータが対象となります。従って、生成ＡＩの出力に個別の個人情報や複数の個人情報が含まれていても、それらが体系化されていない場合は、その規制の対象にならないとみることもできます。

次に、生成ＡＩの出力に個人情報が含まれ、その個人情報に誤りがある場合を考えてみましょう。個人情報保護法では、事業者が不正確な個人データを利用している場合、個人本人が停止や修正を請求できます。しかし、生成ＡＩの出力における誤った個人情報の停止や修正を要求できるとは限りません。というのは、停止や修正の請求には要件があり、それには生成ＡＩの事業者が、複数の個人情報を体系的に集めたデータを持っていることが必要とされています。

生成ＡＩの学習モデルに個人情報が含まれていても、その個人情報は学習モデルの中で散在して格納されている可能性が高く、体系的とは言い難いこと、さらに複雑な構造となる学習モデルで特定の個人に関する情報だけ停止や訂正をするのは困難という問題があります。

この結果、生成ＡＩの場合、停止や修正の請求ができる要件が成立しない可能性があります。ただ、生成ＡＩが間違った個人情報を出力することで、個人の権利利益の侵害が起きるのであれば、個人情報保護法では合法になっても、民事訴訟により損害賠償を請求される可能性はあります。

個人情報でなくとも、プライバシーとされる情報が個人の権利利益の侵害を引き起こすことはあり、生成ＡＩの利用ではプライバシーも考慮すべきです。なお、民事訴訟の場合、対象は個人情報とは限らず、プライバシーも対象となり得ます。

従って個人情報だけを懸念せず、プライバシーと呼ばれる情報を含めて、個人の権利利益の侵害にならないように留意する必要があり、企業において生成ＡＩに関する社内規定とそれにあったガバナンスが不可欠となります。

なお著者は、個人情報保護法の２０１５年改正に加えて、２０２１年改正の内閣官房他の検討会構成員でしたが、検討時期となる２０２０年は生成ＡＩに関する議論はありませんでした。今後、生成ＡＩによる個人情報保護上の懸念があれば、規制当局、つまり個人情報保護委員会の柔軟な法解釈、例えば個人情報保護法における不適正利用禁止の適用などの範囲拡大、さらには法改正もありえることを付記しておきます。

法律は後追いがちょうどいい？

新しい技術に関わる問題が起きると、法整備の遅れを指摘する意見があります。しかし、技術が普及する前に先回りで法制度を作ろうとすると、過度な規制になりやすいものです。生成ＡＩは新しい技術であり、どのように利用され、どのように社会に影響が出るのかがまだわかっていません。まずは生成ＡＩも既存法では対応できないという状況、つまり立法事実が明らかになってから法制度を考えるべきだといえます。

一方で法制度は技術の進歩を阻害するという意見もありますが、自動車は道路交通法を始めとする、ルールがあるから社会で受け入れられているように、生成ＡＩが社会に影響をあたえる技術であればあるほど、その影響を適切に制御するためのルールがなければ社会は受け入れず、普及はしません。

第6章

社会をどう変えるのか

自動車の登場は失業を生んだか

ＡＩについて高頻度でいただく質問は、「ＡＩに人間の仕事を奪われるのか」です。その質問の背景として言及されるのが、オックスフォード大学のマイケル・Ａ・オズボーン准教授とカール・Ｂ・フレイ研究員の２０１３年の論文における「10年から20年以内に米国の７００余りの職種のうち、47％がＡＩに代替される」という予測です。しかし、その論文から10年経った２０２３年、少なくても日本においては、ＡＩに奪われた仕事はほとんどないように見えます。

歴史的に見れば、技術進歩によって大量失業が生じるという懸念は、これまでも繰り返されてきました。しかし、一部の職種は技術進歩により需要が減るとしても、その技術進歩が新たな職種を生み出してきました。

例えば自動車という新しい技術の登場により、馬車に関わる職種への需要は減りましたが、交通・運送業が発展して新しい職種が増えました。ＡＩについても、他の技術進歩と同じで、長期的には一部の職種の需要を減少させるかもしれませんが、新しい仕事が増加すると考えるべきでしょう。

また、技術が普及するには時間がかかります。自動車の場合、蒸気自動車は1769年にキュニョーが先鞭を付け、ダイムラーとベンツらによるガソリンエンジンを使った自動車は19世紀後半に発明・販売が始まっています。

しかし、すぐに馬車から自動車への移行が起きたわけではなく、移行には何十年もかかっています。その間に、馬車に関わる仕事を新たに希望する人も減ることで、馬車に関わる仕事の従事者は減っており、新しい技術の登場で、突然、大量失業という状況が起きたわけではないはずです。

自動車の普及に時間がかかったのは、自動車を利用するには道路、さらに自動車に関わる法規制の整備が必要であり、その整備に時間がかかったからです。AIの普及についても、自動車より速いでしょうが、AIを社会が受け入れる準備が整うのには時間がかかるはずであり、その間に労働移動、つまり別の職種への転換が進むことにより、大量失業は回避される可能性が高いでしょう。つまり、AIが人間の仕事を奪うことはあっても、それが大量失業を生むわけではないということになります。

短期的には、AIにより仕事の内容が変わることや収入が減ることとの影響が大きいでしょう。

人間の仕事を奪うのか、補完的な関係なのか

AI、特に生成AIによる人間の仕事への影響に関する議論は、百家争鳴な状態です。例えば生成AIは事務系タスクや、弁護士やコンサルタントなどの専門職の仕事を奪うという悲観的な指摘がある一方で、むしろAIが人間の仕事の支援をしてくれるという楽観的な指摘もあります。この両論は、AIを人間の仕事を自動化（オートメーション）する手段として捉えるのか、人間の仕事を増強・補完（オーグメンテーション）する手段として捉えるのかという視点の違いといえます。

ただ、どちらの指摘も矛盾があります。まず悲観的な指摘ですが、かつて単純労働や肉体労働はロボットに置き換えられて、自動化されるといわれていました。単純かつ繰り返される作業や画像識別などでは置き換えが進んでいますが、人間の仕事の多くは自動化されているわけではありません。

経営者視点でいえば、人間の仕事を置き換えられないようなAIには価値がないとな

りますが、生成ＡＩを含めて現状のＡＩは、人間より優れた能力もある一方で、人間より劣る部分も多いのが実状です。従って、人間の仕事をＡＩで置き換えることを目指すのではなく、人間とＡＩそれぞれの得意不得意を互いに補完する関係を目指した方が合理的となります。また、第2章のコールセンターのオペレーターの例のように、人間にとって苦痛となる仕事の負担を、ＡＩで軽減することも考えるべきです。

一方、楽観的な指摘についても、効率化は仕事の従事者に有益に見える一方で、経営者視点でみれば、ある仕事の効率が上がれば、その仕事に従事する人員をゼロにはできないにしても、人数は減らせることとなります。ただ、例えば電子メールやＳＮＳの普及によって、個々の情報交換の手間が大きく省けた結果、情報交換を行う回数が増え、むしろ人間が忙しくなってしまいました。同様に、ＡＩで効率化した分、仕事量が増えてしまい、人間の忙しさは変わらず、さらに人員が減るとは限りません。

収入減少と格差の問題

短期的には、ＡＩが仕事を奪うことよりも、収入減少を懸念すべきです。技術進歩により収入が減る要因として、仕事の需要が減ることによる場合、仕事の供給が増えることによる場合の二つがあり、前者を心配しがちですが、生成ＡＩの場合、後者が多いように思われます。

後者、つまり技術進歩が新規参入を容易にした事例として、Ｕｂｅｒなどのライドシェアがあげられます。ライドシェアが可能になったのは、スマートフォンを含むＩＴの進歩によりドライバーと利用者のマッチングと支払いが可能になったことと、ＧＰＳの普及により、一般の運転者にも輸送を担わせることができるようになったことが、理由といえます。そして、ライドシェアが普及した地域では、既存事業者であるタクシー運転手の仕事は、なくなりはしなかったものの、ある時期はタクシーの売上が減ったと言われています。

同様の影響は生成ＡＩでも起きえます。ただし、生成ＡＩの場合は自動化に向いているとは限らないことから、直接的に生成ＡＩが仕事を奪うより、例えば知見がなくても生成ＡＩを利用することで専門的文章を作成できるようになるなど、生成ＡＩが新規参入を容易化することにより仕事の従事者を増やし、結果として既存従事者の収入を減らすケースが多いのではないでしょうか。

また、生産性による収入への影響も考慮すべきです。ＡＩを人間の仕事を補完して効率化する手段として捉えると、ＡＩの利用の仕方や度合いによって、生産性に違いが生じることになります。その結果として、ＡＩによる効率化の恩恵を受ける人と、そうではない人の間に収入格差を生み出す可能性があります。

多くの場合、収入格差があれば高収入職への労働移動が起き、高収入職に就ける能力をもつ労働者が増えることで、収入格差は抑制されていくことになります。ただし、ＡＩを活かせず、生産性が上がらない仕事でも、それが社会的に不可欠である場合、その仕事の従事者は確保する必要があります。そのためには賃上げに加えて、収入格差の是正策、例えば所得の再分配などを検討すべきかもしれません。

ところで、「ＡＩに人間の仕事を奪われる」という不安は、「ＡＩによって収入が減ってしまう」という不安であることも多いようにみえます。もし、そうであれば、ベーシックインカムなどの経済的支援などの議論にもつながりそうです。

ＡＩ時代における仕事

「ＡＩによって生まれる新しい職業とは何ですか？」という質問もよくありますが、これは難しい質問です。前述の自動車が発明されてすぐのころに、今のような宅配業が成り立つかどうか、すぐに思いついて判断できた人がいたでしょうか。生成ＡＩに関しても「この職業が来る！」といえる人はいないでしょう。

また、技術進歩に応じて、ＡＩと人間の役割も変わってきています。従来、ＡＩに対する人間の優位性として、創造性や読解力をあげる言説がありましたが、生成ＡＩが登場して、創造性もＡＩが一定の役割を担えることがわかりました。ＣｈａｔＧＰＴなどの対話ＡＩの能力を考えると、少なくてもＡＩは読解力が苦手とはいえないはずです。

この他、定型業務はＡＩ向きで、非定型業務はＡＩには難しいことから、人間が行うべきという声もありました。しかし、現実には定型業務でもＡＩに不向きなタスクがある一方、非定型業務でもＡＩに向いているタスクがあります。

ＡＩが社会に浸透していくとすると、「ＡＩを活かすための人材」と「ＡＩを活かせる人材」が社会から求められることになるでしょう。

AIを活かすための人材

ＡＩを活かすための人材としては、以下の３点があげられます。

①ＡＩそのものを開発する人材
②ＡＩを利用したアプリケーションやサービスを開発する人材
③ＡＩを支援する人材

このうち①は、現状でも高度なＡＩに関する専門的知見が必要ですが、今後ＡＩが高度化するほど、より高い専門性が求められることになります。その養成は簡単ではなく、希少な人材となります。①の人材を多く集めた企業だけが、ＣｈａｔＧＰＴのようなＡＩ利用におけるコア技術を提供できることから、争奪戦が続くことになるはずです。

一方、②はＡＩに関わる処理を行うサービスやライブラリを利用したシステムを開発する人材を想定しています。生成ＡＩとそれ以外では、②の人材に求められる能力が変わります。生成ＡＩ以外を扱う②の人材は、既存のＡＩ処理用ライブラリなどを利用するにしても、そのインストールは簡単とはいえず、プログラミングなどの知識も求められます。さらに、ＡＩで解決したい対象に合った訓練データを収集し、学習モデルを構築したり、対象に関して判断をしたり、各種設定・チューニングを行うには、②の人材には①ほどではないにしても、ＡＩに関する専門知識は求められます。

生成ＡＩに関わる②の人材は、①とは要件が違ってくると予想されます。生成ＡＩはサービスとして提供されるので、生成ＡＩの専門知識がなくても開発ができるようになってきています。ＣｈａｔＧＰＴを利用したサービスやアプリケーションの開発者で、ＣｈａｔＧＰＴの背後にあるTransformerやＧＰＴに関する専門知識がある方は少数のように思えます。

さらに生成ＡＩへの指示は自然言語による文章で行えることから、必ずしもプログラミングの知識を必要としません。つまり生成ＡＩでは②に相当する人材の間口は広くなります。ただ、その一方で生成ＡＩから意図した出力を生成させるのに適切な文書、つまりプロンプトをＡＩに与える必要があり、文章を作る能力が求められることになるはずです。

③は文字通り、ＡＩの支援を行う人材で、その一つとしてＡＩの訓練役（トレーナー）があげられます。ＣｈａｔＧＰＴなどの既存生成ＡＩが学習しているのは一般的な文章や画像となります。例えば、企業や自治体などの特定の組織向けの生成ＡＩを実現するには、その組織固有の知識を訓練データとしてＡＩに学習させることや、ファインチューニングなどの学習モデルの改変をする作業が必要となります。その訓練データの

対象としては、組織の公開情報や内部文書などが想定されますが、適切に選別しないとAIは間違った情報を生成するために、人間がその選別役を担う必要があります。

また、AIが生成したコンテンツの選別・修正も引き続き人間の役割になるでしょう。多くの場合、コンテンツに関わる専門知識が必要であり、その専門知識をもつ人材のタスクの一つとして位置づけられるはずですが、その選別・修正作業が増えれば新しい仕事になります。例えば画像生成AIにより、画像が大量生成されることとなれば、もっぱら生成AIの画像を修正する作業を担う人材も、登場するでしょう。

ところで、第1章で述べたように、ChatGPTではプロンプトエンジニアリングを専門に行う仕事が注目されていますが、いまプロンプトエンジニアリングとして行われている技巧の多くは、数年後にはAIに吸収されてしまうでしょう。ただ、ウェブAPIから生成AIを利用する場合のプロンプトエンジニアリングに関しては、利用者の書き込みによる悪影響を避けるため、当面は残ると推測されます。

AIを活かせる人材

AIを利用したアプリケーションやサービスを利用する人材も必要となります。生成

ＡＩ以外のＡＩでは、ＡＩを活かせる人材と前述の②とは明確に分かれていましたが、生成ＡＩではＡＩへの指示が容易であり、結果として、両者の境界は不明瞭になると予測されます。

ところで、日本はかつて製造業を中心とした「ＱＣ（品質管理）」、ＱＣを製造業以外に広げた「ＴＱＣ（統合的品質管理）」により、製品などの品質管理・改善に熱心でした。そして、「ＱＣサークル」や、いわゆる「カイゼン」という現場主導の品質改善活動も行われてきました。

現場主導が品質改善に貢献できたのは、実際に生産に従事している者が製品の品質や工程に関わる課題を知っており、さらに現実的な解決策を見出せたからといえます。

生成ＡＩは従来のＡＩと比べて、ＡＩへの指示を自然言語で行えることから、ＡＩの専門知識がなくても、生成ＡＩの導入・改善が可能です。従って、現場の従事者が生成ＡＩを利用することで自らの業務を改善することができます。日本は現場主導の改善が得意であり、生成ＡＩを利用した個々の業務の改善において優位な立場といえるはずです。ただ、局所的な改善となりやすく、全体として業務改善を阻害しないように留意すべきです。

イノベーションを担うのは人間

逆に人間に残すべき仕事とは何でしょうか。ＡＩによる置き換えが難しく、人間に蓄積し続けても生産性が下がることはない知識・技術はありえて、そうした知識・技術は人間に任せるべきです。

まず、モノを作る、モノを直す、モノに触れる仕事。例えば大工や料理人などの仕事、加えて人との対面が求められる仕事、外科医や歯医者などの仕事は引き続き人間が担うことになるでしょう。

ただし、ＡＩへの置き換え可能性だけで、ＡＩに置き換えるタスクと人間が担うタスクを選ぶと、人間が担うタスクは面倒なタスクばかりとなり、人間の負担が増すことになります。また、ＡＩへの安直な置き換えはイノベーションを止めてしまい、長期的な生産性向上を阻害することがあります。ＡＩは与えられたタスクを遂行することができたとしても、業務における課題の抽出はできませんし、その課題の解決策を提示してくれるわけではありません。

結局、業務に対するイノベーションを進めるのは人間の役割となり、それには人間が業務に関する知識・技術をもつ必要があります。従って、AIで置き換えられるか否かを判断基準にするだけではなく、業務改革やイノベーションにつながるかも重要な判断基準となります。

人材育成を妨げる

オフィス業務において対話AIによる文章生成が導入された場合、文章を作成するタスクから、AIが生成した文章のチェックと修正というタスクへの移行が望まれます。しかし、移行が進まないケース、つまり文章作成を担う者と、文章をチェックまたは修正する者がはっきりと分かれているケースなどは要注意です。

例えば弁護士事務所の場合、一部の文章生成はアシスタントやアソシエイツ弁護士に任せて、弁護士はその文章のチェックと修正を担うことがあります。この場合、仮に文章作成をAIに任せることになると、文章作成タスクを担う人材を減らすことになりますが、同時に人材育成に問題が出ることが予想されます。業種によっては、アシスタント的な業務は、トレーニングの目的を兼ねているからです。

生成AIは未熟練者に有用、つまり新規採用者や低スキルの従業員の問題解決可能性を高めるという指摘があります。例えばChatGPTは文章を作成する時間を大幅に短縮するとともに、文章の質も上げてくれるでしょう。その意味ではその指摘は正しく、生成AIは未熟練者の能力を増強・補完して、熟練者に近づける手段ともいえるでしょう。しかし、生成AIに頼ることが未熟練者の能力を押し上げるとは限らず、未熟練者を熟練者に育てるパスが、失われる可能性があります。単にAIを利用して効率化するだけでなく、人材育成についても考慮しておく必要があります。

専門家の責任とAI

AIでは実現できないこととして「責任」があります。医師や弁護士、会計士などの有資格の専門家は、当該分野に関する専門知識を持つだけではなく、判断を間違えたときにその資格を剝奪されるペナルティがあるなど、専門家としての責任が課せられる制度があるから、その判断が尊重されるといえます。

AIは専門知識を提供できるかもしれませんが、責任を取ることができません。レントゲンなどの医療画像の診断を例にすると、医師の場合、患者のレントゲンを見たときに病気を見過ごしたとなれば、注意義務を果たさなかったとして責任を問われることがあります。

現時点で、ＡＩによる医療画像判定は精度が上がり、レントゲンなどの画像は人間の医師と同等の判定能力を持ったともいわれます。しかし、ＡＩには責任が取れない以上、あくまでも人間の医師を支援する道具という位置づけに留まり、ＡＩの判定ミスはそのＡＩを利用する人間の医師が責任を取ることになります。

生成AIは組織にも影響を与える

ＣｈａｔＧＰＴを使えば、専門分野の知見が必要な文章を、その分野の知見がなくても作成できてしまいます。生成ＡＩは専門知識・技術を補完できることから、専門という敷居を下げて、企業間であれば新規参入の容易化、企業内であれば組織構造を変えることがあります。

企業を含む多くの組織は、従業員の専門分野や職種により細分化されています。例えば、経理部員は経理には詳しいですが、法務に詳しいとは限りませんし、法務部門に所属する者は経理に詳しいとは限りません。ただ、専門分野や職種による細分化は情報共有を阻害するとともに、組織全体の利益より、細分化した所属部門の利益を優先する方向に進みがちです。

専門知識・技術を補完するという生成ＡＩの長所は、現状の細分化された組織を、フラット化やシームレス化できる可能性があります。生成ＡＩを使うことによって、経理の知見のない営業部門の従業員が経理書類を作れることになります。そうなると、専門分野や職種に応じて、組織を構成することが適切なのか、という議論も生まれるでしょう。

その時、求められる人材は

世界史の授業でラッダイト運動を習った方は多いでしょう。ラッダイト運動は、産業革命の中、１８１１年から１８１７年頃、イギリス中・北部の繊維工業地帯で起きた機械打ち壊し運動です。しばしば技術進歩により仕事を奪われたことへの抵抗として扱われますが、この運動は産業革命に伴う児童労働や低賃金などの労働問題に対する抗議でした。これが技術進歩への反抗運動と思われてしまうのは、仕事を奪われることへの不安が大きいということでしょう。

それではＡＩが発展する中で、どのような人材が求められるのでしょうか。ひとことでいえば、ＡＩが苦手なことを担える能力をもち、さらにＡＩの進化とともに従事するタスクを変えられる人材となるはずです。

ＡＩの能力が拡大している状況では、ＡＩの利用範囲も広がることになります。また、10年前に現在の生成ＡＩの能力を予測できなかったように、将来のＡＩの能力を予測するのは困難です。

将来のＡＩが予測できない現状では、ＡＩを活かせる人材を見極めるより、その時その時、ＡＩが苦手で人材が足りていないタスクを担える人材を育成する方が合理的といえるでしょう。その意味では企業内でリスキリングまたはリカレント教育をして、そうしたタスクを担える人材を育成できる企業がＡＩを活かす企業になるはずです。

ところで、日本ではメンバーシップ型雇用から、ジョブ型雇用への移行を求める議論があります。しかし、企業がＡＩを活かす場合、従業員が従事すべきタスクはＡＩの進化によって変わることを考えると、予めタスクを決めておくジョブ型雇用よりもタスクを柔軟に変更できるメンバーシップ型の方が向いていることになります。

自動運転の考え方は生成ＡＩに適用できるか

ＡＩには社会的責任が果たせるのかという議論があります。第4章で述べたように、生成ＡＩには多様なリスクがあります。リスク対策が一定の基準になるまで市場に出せないというのは一見合理性がありますが、一定確率でトラブルを起こすとしても、ベネフィットの方が多いのであれば市場に導入されるべきという考え方はありえます。ただ、その場合でも生成ＡＩを実社会で使うには、生成ＡＩが問題を引き起こしたとき、誰がどのように責任をとるのかを明確にする必要があります。

責任の整理がなされないと、ＡＩは社会に受け入れられないことになります。ただ、日本の場合、ＡＩに関する法律に対して否定的な風潮のために、法律に基づく責任の整理も遅れてしまい、結果としてＡＩの普及も遅れる可能性が高いといえます。

ＡＩの社会的責任に関する議論が進んでいるのは、自動車の自動運転です。ただ、自動車の場合、自動車損害賠償保証法（自賠法）により、自動運転のＡＩが引き起こした問題は運行供用者（自動車を自ら運転し、自動車を直接支配する場合のみならず、他人に運転させて、他人の運転を通じて自動車を間接的に支配する場合も含む）が第一次的な責任を取ることとしています。

しかし、自動車以外の場合、製造者責任が適用される場合を除くと、責任主体は法的に決まっているわけではなく、せいぜい民法第718条の動物の占有者等の責任を類推適用するぐらいとなります。

自動車の場合、運行供用者に責任を一極集中させるのは合理性があるかもしれません。しかし、自動車以外のシステムの場合、AIを利用することにより生じた事故の原因は、そのシステムの運用者や所有者のミスとは限らず、システムの欠陥、外来の原因など多様であり、その責任主体の整理をしなければなりません。

生成AIの場合、直接的に人の生命に関わる問題は少ないとはいえ、生成した文章に特定の個人を誹謗中傷する内容が含まれていたときに、その文章を生成させた者の責任なのか、その生成AIの開発・提供者の問題なのかは議論が必要です。

過失責任と無過失責任

このほか、AIが引き起こした問題に関しては、過失責任を取るのか、無過失責任を取るのかで大きく変わります。損害賠償責任を追及する場合、民法の不法行為法の考え方に基づけば、加害者に故意・過失があったことを被害者側が証明責任を負うことになります。生成AIが技術的に高度であり、さらに学習モデルと出力の関係性が明らかに見えない以上、その証明は簡単ではありません。

従って生成ＡＩが問題を起こしたときの被害者救済の観点で、何らかの結果責任、無過失責任を求めるのは一つの考え方です。ＡＩを含めて、リスクが大きい技術は社会の受容性が低くなりがちですが、その技術に対して無過失責任を課すことで、社会の受容性を高めるという方法もありえます。

一方で無過失責任は、ＡＩを提供する側が萎縮することと、責任を負わない側は注意を払わなくなり、むしろ事故が増える可能性があるという問題もあります。

なお、過失を要件としない責任規律として製造物責任法があります。製造物責任法は製造物に関する責任ですが、ＡＩが製造物に組み込んで利用される場合、適用されるはずです。

従来の機械学習の場合、機械学習の仕組みを組み込んだ製造物でも、その機械学習の訓練データをその製造物の所有者・利用者が用意することが多く、製造業者の責任の範囲は狭くなっていました。生成ＡＩが製造物に組み込まれた場合、生成ＡＩの訓練データは製造業者またはその製造業者が委託したＡＩ事業者が用意したこととなり、その製造業者の責任は、従前の機械学習の場合よりも広くなる可能性があるのです。

ＡＩ向け法人格の導入

また、専門家の責任に相当する責任をＡＩが果たすことは無理である、と説明しましたが、損害賠償などの経済的責任であればＡＩに取らせることは不可能ではないかもしれません。

日本の私法上の、権利・義務の主体となる一般的な資格を有するのは自然人（つまり人間）と法人ですが、ＡＩを法人として扱う、またはＡＩ向けの法人相当の権利・義務の主体とし、同時に、ＡＩは損害賠償のための資金を貯めておく、またはＡＩが損害保険に入れば経済的責任が取れることになります。

そもそも法人という概念も、比較的近年、時代の要請で導入されたことから、ＡＩに対して法人またはそれ相当の責任・義務の主体を導入することは不自然とはいえません。ただ、ＡＩを法人相当の権利・義務の主体として扱う方法の是非は議論の余地がありますし、各国の責任に対する考え方に依存します。例えば過失により人身を含む事故を引き起こしたときに、あくまでも損害賠償という経済的責任だけで済ます国もありますが、事故を起こした人間に経済的責任以外のペナルティ、例えば禁固刑や労働奉仕を求める国もあります。前者の国の場合はＡＩを法人相当の権利・義務の主体とすることは受容される可能性がありますが、後者の国の場合、ＡＩは禁固刑や労働奉仕はペナルティとしては有効とはいえないことから、受容されることはないでしょう。

生成ＡＩの成長を止めるのは電力か

ＣｈａｔＧＰＴなど対話ＡＩ、生成ＡＩの普及における最大の支障は、実は生成ＡＩによる電力消費の増加と考えられます。

近年、「ＩＴ業界の不都合な真実」として話題になったのは、「ネット検索を1回行うと、最大で紅茶1杯分を沸かせるだけのエネルギーを消費する」という指摘です。1回のウェブ検索で、検索サービス側では100台以上のサーバに振り分けて処理しているとされ、さすがに紅茶1杯分のお湯は沸かせないにしても、決して少ないとはいえない電力を消費しているのは確かでしょう。

グーグルを例にとれば、「たかが検索」と言っても、世界全体での検索数は1日で「55億回」、年間「2兆回」と言われますから、その電力量がかさむのも無理はありません。「グーグルのデータセンターの年間電気料金は、同社の全社員の年俸の合計よりも多い」という声もあるほどです。当然、地球には優しくありません。

さて生成ＡＩは、そのウェブ検索より処理が格段に複雑で、その消費電力も当然、大きくなります。また、一般の機械学習のＡＩと違い、学習モデルの構築段階だけでなく、利用時となる生成段階にも消費電力が大きくなります。生成ＡＩの文章や画像の生成は瞬時に出てきませんが、それは計算に時間がかかっているからであり、その消費電力は相当大きいと考えるべきでしょう。

ここで問題となるのは、電力供給への影響です。ＩＴ分野、例えばデータセンターや通信ネットワークによる消費電力は、技術進歩による省電力技術が進んでいますが、それ以上に処理または送信するデータ量が増えており、全体として、その消費電力は増加傾向にあります。

従って、日本を含む多くの国において、ＩＴにおける消費電力の増加により電力需給が逼迫することが予測されています。その状況で生成ＡＩという、消費電力が大きく、電力需要予想に含まれないサービスが広がると、電力需給が逼迫する時期を早めることになります。

学習段階の電力消費

生成ＡＩの消費電力は懸念されるところですが、業界全体でＡＩに関わる消費電力がどの程度なのかは正確にはわかっていません。ここでは断片的な情報から生成ＡＩの消費電力について議論していくことにします。

生成ＡＩの処理は、学習段階と生成段階に分かれますが、その学習段階については①訓練データから学習モデルの構築と②学習モデルのチューニングなどに分かれます。まず①の学習段階については、他の機械学習系ＡＩと同様に大量の計算が必要です。また計算量が多くなれば、その計算による消費電力も増えることになります。

ＣｈａｔＧＰＴに関していうと、ＣｈａｔＧＰＴでも初期の学習モデルＧＰＴ３の構築では、1万枚の高性能ＧＰＵ（NVIDIA V100）を利用して構築され、それに要した電力は１・２８７ＭＷとされ、CO_2排出量５５２トンに相当するとされています（D.Patterson, et al. "The Carbon Footprint of Machine Learning Training Will Plateau, Then Shrink", Computer IEEE, Vol.55, No.7, pp.18-28, July 2022.）。

日本の1世帯の年間の平均消費電力を４２５８ｋＷｈ（なお、多く世帯は電気以外にガスや灯油なども消費します）とすると、３００年間分となります。ただ、実用に耐える学習モデルに至るまでには作り直しを繰り返しているはずであり、実際には1・287MWの数倍から数十倍とみるべきでしょう。

②における各種チューニングですが、その消費電力はタスクの種別・特性に依存することになります。ChatGPTの場合、チューニングについては詳細が公表されておりませんが、①の学習モデルよりは計算量が少ないと予想され、消費電力も少なくて済みますが、チューニングするタスクの数が多ければ②全体の計算量は増え、消費電力も増えることになります。

生成段階の電力消費

生成AI以外のAIの場合には、生成段階と呼ばれる処理はないのですが、対象データを学習モデルから判断する処理は行っており、その処理を「推論」と呼びます。学習モデルの構築と比べると、1回当たりの推論の計算量は少ないのですが、AIが判断をする度に推論を行うことから、推論の実行回数は多くなります。人気のAI、利用が多いAIの場合、消費電力の大半が推論によるものとなります。

生成AIの場合、生成段階の処理が推論に相当しますが、その計算量は一般の機械学習の推論よりも大きいとされます。ＣｈａｔＧＰＴの場合、多数の利用者がおり、利用回数も多いことから、学習段階よりも生成段階の電力消費の方が多いと想像されます。

生成ＡＩの実現

機械学習によるＡＩがここまで普及したのはＧＰＵ（グラフィック・プロセッシング・ユニット）の普及によるところが大きいです。深層学習を含む機械学習は、一般のコンピュータでは非常に計算時間がかかり、実用的とは言い難かったのですが、ＧＰＵは数値計算処理を並列、つまり一度に複数処理を同時に行うのが得意であり、大量の数値計算が求められる機械学習はＧＰＵとの親和性が高いのです。さらに、そのＧＰＵを活かせるように機械学習アルゴリズムも改良が進みました。特に深層学習はＧＰＵ以外で実行することは現実的とはいえません。

ただ、ＧＰＵを使うにしても学習モデルの構築には大量の計算が必要であり、時間がかかります。また、多くの場合、最適な学習モデルを一回で構築できることは希であり、試行錯誤、つまり改変した学習モデルを構築して、試してみることを繰り返します。

このため、学習モデルの試行錯誤の回数を増やせるかが、精度の高い学習モデルを作る早道となります。それはいいかえると学習モデルを高速に構築するための高性能GPUを大量に確保し、大量の高性能GPUを稼働させるだけの電力があるかということです。

さて高性能GPUですが、消費電力も大きく、高性能GPUを載せたボードは1枚で400Wを超える電力を消費します。当然、そのボードを複数枚載せたサーバの消費電力はさらに大きくなります。その消費電力は性能や機構構成によりますが、一般のサーバは1台の消費電力が200W程度なのに対して、GPUを複数枚搭載したAI処理用のサーバは1台の消費電力が1500〜2000W程度となり、学習モデルの構築にはAI用サーバが多数必要です。

一般の機械学習では数枚のGPUボードで済むかもしれませんが、生成AIは一般に計算量が多く、高性能GPUサーバが数百から数千台必要となり、そのGPUサーバだけでも消費電力は大きくなります。

さらにデータセンターは、サーバなどの機器を冷やすために冷却設備を持ち、その冷却のためにも電力がかかります。高性能GPUサーバの場合、その消費電力からもわかるように、大量の熱を出すことから、データセンターは高い冷却能力が必要とされ、その冷却のために電力も大きくなります。

一般のクラウドコンピューティング向けのデータセンターの場合、電気代は、その2年分が、データセンター（サーバや冷却設備を含む）の設備費用に相当するというぐらい高額になります。大量のGPUを動かすデータセンターの場合、その電気代はさらに高くなります。

生成AIの電力消費低減策

生成AIは学習だけでなく、推論においても電力を大量に消費します。生成AIが広く利用されると、事業者が支払う電気代が高額になるだけでなく、世界の電力供給に支障を来す可能性があります。従って、今後、生成AIの消費電力削減は避けて通れないはずで、いくつかの解決策が模索されています。

なお、生成AIの場合、学習モデル自体は他者が構築したものを再利用することで、生成段階の消費電力を減らすことができますが、生成段階（推論）における消費電力は利用に応じてかかります。

ところで、機械学習、特に深層学習をGPU以外で処理することは現実的ではないと書きましたが、x86やArmなどの一般のプロセッサでも解けないことはありませんが、時間がかかります。それは理化学研究所の富岳などのスパコンも同じです。

スパコンは計算性能が高いので、AI処理を仮に合理的な時間内で行えたとしても、消費電力が大きいことに加えて、計算の仕組みがAIに向いていないので、電力効率が悪くなります。また、そもそもスパコンはトップ性能を狙うために高価です。つまりGPUによる処理と比べると、スパコンはおそらく数十倍以上のコストが嵩むことになり、経済的合理性はありません。

GPUのAI向け拡張

前述のように機械学習アルゴリズムの多くはGPUによる処理を前提にしています。機械学習にGPUの利用が進んだ当時は、GPUの描画処理や数値計算向けなどの基本命令を組み合わせて、機械学習向けの処理を実現していました。その場合、命令の呼び出し回数が多くなるので、性能もあがらず、消費電力も多くなります。

そこでNVIDIAなどのGPUベンダーは、いくつかの機械学習向けの処理をハードウェアで実現したGPUを提供しています。そうした処理は大きな計算になるものの、基本命令を組み合わせていたときよりも、実行時間及び消費電力を減らせられます。

計算量が多い学習モデルの構築向けの処理をハードウェアで実現することが多かったのですが、推論の計算も大きくなることから、２０２２年にはＮＶＩＤＩＡはＣｈａｔＧＰＴの学習モデルのベースとなったTransformer学習モデルの構築と推論をハードウェア化することで、数倍から数十倍に高速で処理するＧＰＵを提供しています。ＣｈａｔＧＰＴを含むTransformerモデルに類似した学習モデルを用いる生成ＡＩでは、その学習モデルの構築と推論は計算時間の短縮だけでなく、消費電力が低減されることになります。ただ、生成ＡＩは学習モデルの構築と推論には多様な処理が必要であり、一部の処理のハードウェア化による消費電力の低減効果には限界があります。

専用処理回路

２０１６年5月、グーグルは「Tensor Processing Unit」（ＴＰＵ）と呼ばれる、深層学習専用の集積回路を発表しました。グーグルによると、ＴＰＵの電力効率は一般の汎用プロセッサと比べると、30～80倍と述べており、消費電力が抑えられます。

ところで特定の処理に向いた専用回路を作る方法としては、プログラマブルな半導体集積回路である、「ＦＰＧＡ」（Field Programmable Gate Array）を使い、そのＦＰＧＡ上でその回路を実現する方法と、その回路そのものを半導体で作る「ＡＳＩＣ」（特定用途向け集積回路）がありますが、グーグルは後者、つまり「ＡＳＩＣ」により、ＡＩ専用の集積回路を実現しています。「ＦＰＧＡ」は低予算で多様な回路を構築できるのですが、性能及び消費電力は大きく改善するわけではありません。

一方で「ＡＳＩＣ」は性能及び消費電力の回路を実現できるものの、設計できる人材の確保に加えて、設計した回路を半導体回路として生産するのは高額であり、半導体微細化の程度によりますが、少なくても数十億円はかかります。

ただ、海外大手プラットフォーマーは手持ちの資金も潤沢であり、「ＡＳＩＣ」で差別化をする可能性は高く、その場合、ＧＰＵや「ＦＰＧＡ」を利用する小規模な生成ＡＩ事業者は、その電気代で不利な競争を強いられることになります。

学習モデルのコンパクト化

ＣｈａｔＧＰＴのような巨大な学習モデルはその構築にも推論にも大量の計算が必要ですが、学習モデルの構築については、構築済みの学習モデルを利用するという方法も可能です。その学習モデルを小さくする研究も進んでいます。

文章生成向け学習モデルは「Transformer 系だけとは限らず、コンパクトな学習モデルが登場する可能性はゼロとはいえません。

また、現状でもある程度の性能を犠牲にすれば、小規模な学習モデル、例えば「Stable LM」や「Dolly 2.0」などいくつかの実装が登場しています。規模が小さくなれば学習モデルの構築及び推論に要する消費電力も小さくなることが期待できます。

ところで、画像生成ＡＩの Stable Diffusion はオープンソースとして公開され、多くの開発者が改良を加えたことにより、生成精度も上がりましたが、小さいメモリで動く実装も登場しました。文章に関わる生成ＡＩもオープンソースで公表されたものの中から、コンパクト化する試みは進むことが予想されます。

生成ＡＩに持続可能性はあるのか

現在、ＣｈａｔＧＰＴを無料で使っている利用者は、表層的には利用者自身のパソコンにかかる電気代しか負担していませんが、実際にはオープンＡＩが多額の電気代を利用者の代わりに負担していることになります。そして、これまでウェブ検索は検索連動型広告で収益を得られましたが、生成ＡＩはウェブ検索以上に収入を得られないと持続できないことになります。

日本では国産ＬＬＭを待望する理由の一つとして、情報の海外流出を避けるということがあります。しかし日本の場合、夏は例年、猛暑による冷房の使用で電力が逼迫しています。消費電力が大きい生成ＡＩが動く事態になると、電力不足に拍車をかける恐れがあり、数年後には逆に機微の情報を扱わないＬＬＭは国外に置くべきという議論も出てくるかもしれません。

ところで、人間の脳と生成ＡＩを単純に比べることはできませんが、人間の脳は文章や画像の生成能力を持ちながら、その脳を働かせるためのエネルギーは生成ＡＩと比べて極めて小さいのです。圧倒的な優位性といってもいいでしょう。

地球温暖化対策から、「階数が少ない移動はエレベーターではなく、階段を使いましょう」などと推奨されています。しかし将来、生成ＡＩの需要が拡大し、かつ、学習モデルと推論に必要な消費電力が大幅に低減できない場合は、電力供給の維持から、「ＡＩに頼らず、自分の頭で考えましょう」といわれる時代が来るかもしれません。

第7章

国際社会は
どう受け入れるのか

オープンAIのインパクト

現在、IT産業では、巨大プラットフォーマーとされる企業「GAFAM」――グーグル、アップル、メタ（旧フェイスブック）、アマゾン、マイクロソフトが大きな影響力を持っています。

その状況で、AIを専業とし2015年に創業した、決して大きいとはいえない企業（2023年前半において従業員数は400人以下）であるオープンAIがChatGPTを提供・開発したことは、インパクトがありました。ただし、後述するようにオープンAIのスポンサーはマイクロソフトであり、その意味では巨大プラットフォーマー同士の代理戦争ともいえます。

生成AI、特に対話AIについてはChatGPTが先行し、現在もChatGPTが最も広く利用されていると推測されます。そうなると巨人プラットフォーマーは「対話AIに出遅れた」と見られがちですが、それほど単純ではありません。巨大プラットフォーマーの中には、ＣｈａｔＧＰＴ並みの対話ＡＩを提供できるものの、戦略的に対話ＡＩを手控えているところもあるように思えます。

ウェブ検索のグーグル

The New York Times（ＮＹＴ）は２０２３年１月23日、グーグルが、ＣｈａｔＧＰＴが同社の中核事業にとってあまりにも深刻な脅威であることから、社内にコード・レッド（非常事態宣言）を出したと報じました（グーグルのサンダー・ピチャイＣＥＯは「私が発令したものではない」と発言）。グーグルにとってＣｈａｔＧＰＴは、いわゆる「検索スルー」をもたらし、同社のウェブ検索に伴う広告事業へ影響を与えるのは明白です。

２０２３年２月６日に、グーグル自身も対話ＡＩ「Ｂａｒｄ」を発表し、同年３月21日には一般公開が始まりました。現在、日本語を含む40以上の言語での使用が可能になっていますが、グーグルはＢａｒｄ開発中というスタンスを維持しています。画像解析も可能になるなど進展を見せてはいるものの、２０２３年５月に開催された年次カンファレンス「Google I/O 2023」での発表内容は芳しいものではありませんでした。

ＣｈａｔＧＰＴは、２０１７年にグーグルが研究開発した Transformer と呼ばれる学習モデルを参考にしたものです。グーグルは昔も今も、深層学習を含む機械学習を利用した自然言語処理では最先端の技術をもち、さらにそれを動かす計算インフラを保有しているといえます。

つまり、グーグルは生成ＡＩ、特にＣｈａｔＧＰＴに対抗するＡＩについて、開発が進んでいることをアピールするのにとどめており、本格展開に関してはまだ積極的になっていないとみるべきでしょう。その背景を著者なりに想像すると、３つの可能性が考えられます。

一つめは、グーグルとして「ネット広告の収入を考えれば、生成ＡＩ、特に対話ＡＩに関しては、他社のサービスも含め、普及が遅れるほうが望ましい」と考えている可能性があります。

二つめは、生成ＡＩによるステルスマーケティングの問題です。グーグルは売上の９割程度を広告関連で占めているため、「グーグルの生成ＡＩに対する出力は、ステルスマーケティングをしているのではないか」と疑われる恐れがあり、その反論が難しいという可能性があげられます。

三つめは生成ＡＩへの逆風です。詳細は後述しますが、いまは逆風の風上には立ちたくないと考えている可能性はあるでしょう。

〝商売上手〟なマイクロソフト

マイクロソフトはオープンAIに対して、2019年に10億ドルを投資したのを皮切りに、その後も投資を続けて、ChatGPTのブームが起きてからの2023年1月にも100億ドル近い投資を行っていると報道されています。また、マイクロソフトは自社クラウド（Azure）をオープンAIに提供しています。

その見返りに、すでにマイクロソフトのウェブ検索サービスである「Bing」からChatGPTを利用できるようにするとともに、第2章で説明したようなオフィス業務用ソフトウェアやサービスにおけるChatGPTとの融合をすすめています。2023年3月には、同社のオフィス向けサービスである「マイクロソフト365」（旧Office 365）にChatGPTを利用することで、Outlookの過去のメールを参考にしてメール本文の下書きを作成することや、Wordファイルの内容をもとにPowerPointのスライドを自動で作成するなどのサービスを提供することを発表しています。

マイクロソフトは、マイクロソフト356と生成AIの融合に向かうでしょう。

マイクロソフトにはウェブ検索サービス「Bing」があるものの、ネット広告による売上は少なく、クラウドの提供及びソフトウェアなどの開発・販売を生業にしています。マイクロソフトにとって、グーグルのワープロやメールなどのサービスやクラウド事業、クローム端末はライバル関係にあることを考えると、生成AIによってネット広告の効果が下がることは、ライバルのグーグルにとっては不利益でも自社には影響が少ないとみているのでしょう。

マイクロソフトの顧客は個人だけではなく、法人も多いため、ChatGPTを活かした法人向けビジネスを進めることになります。その中でマイクロソフトの法人向けの営業において興味深いのは、ChatGPTを含む生成AIの機密情報や個人情報の漏洩リスクを指摘しつつ、個々の法人に、閉じた生成AI、つまりプロンプトの内容が外部に伝わらないシステムや、法人独自の情報を利用して文章生成できるシステムを提案していることです。

つまり、マイクロソフトはオープンAIの主要スポンサーである一方で、ChatGPTの情報漏洩の不安に言及しながらそれを回避するための商品を巧みに売り込む、〝商売上手〟との印象があります。

なお、マイクロソフトはＡＩだけでなく、自然言語処理の技術者や研究者を多く抱え、さらに大規模なクラウドをもっている企業であり、オープンＡＩに頼らなくても生成ＡＩを開発できる企業のひとつです。長期的にオープンＡＩを支援するのかはわからないように思えます。

メタ（旧フェイスブック）の「オープン化」

社名をフェイスブックからメタに変え、メタバースに社運を賭けたものの下火になっているメタも、言語処理系の研究者を多く抱えており、2023年7月18日には「ＣｈａｔＧＰＴに搭載されているＧＰＴ３・５に匹敵する」という触れ込みの学習モデル「Ｌｌａｍａ２」を発表しました。

メタの生成ＡＩ戦略の特徴は、学習モデル「Ｌｌａｍａ２」のオープン化です。実際、メタは「Ｌｌａｍａ２」を発表した日に、「Ｌｌａｍａ２」のオープンソースも公開し、研究でも商用でも無償で利用できると発表しています。ＣｈａｔＧＰＴの学習モデルは１７００億ともいわれていますが、「Ｌｌａｍａ２」のオープンソースのパラメータは70億、１３０億、７００億の３種類で、事前学習済みのバージョンや、対話用にチューニングされたバージョンがあります。

生成ＡＩでも、画像生成ＡＩ「Stable Diffusion」はオープンソースとして公開されたことにより、世界中の研究者や開発者が改良を行い、「Stable Diffusion」の性能が上がるとともに、「Stable Diffusion」を利用した新たなサービスを数多く生み出しています。

ここで二つの疑問が生じます。ひとつは画像生成ＡＩの状況が、対話ＡＩでも起きるのか、メタは技術的な優位性を守れるのかです。

２０２３年5月に、グーグル社員が書いたといわれるメモが流出して、その内容が話題になりました。そのメモによると、企業の中に閉じて研究開発したＡＩよりも、オープンソースとして公表されたＡＩは世界中の人が研究開発に参加することから「静かにわたしたちを出し抜いている」と指摘するものでした。メタはコアである学習モデルを公開することで、世界中の研究者や開発者が参加することを期待しているのでしょう。

次に、オープン化することによるメタの優位性への影響ですが、第1章で述べたように、生成ＡＩでも、ＣｈａｔＧＰＴに相当する対話ＡＩの場合、技術的なコアは学習モデルであっても、差別化要素はその学習モデルの調整やプロンプトの改変・拡張処理となります。メタも、学習モデルを公開しても、他の部分で差別化できると考えている可能性は高いです。

一方で、メタのオープン化戦略は技術以外の理由もありえるでしょう。メタは利用者情報の取り扱いに関して、疑問を持たれる問題を繰り返してきました。例えば、いくつかの報道によれば、選挙コンサルティング会社ケンブリッジ・アナリティカ社はメタ（当時はフェイスブック）の利用者情報を入手して、それを世論工作に利用し、2016年6月の英国の欧州連合離脱是非を問う国民投票や、2016年11月のアメリカ合衆国大統領選挙に影響を与えたとされています。

生成ＡＩはフェイク情報を作ることも容易にすることから、フェイク情報が選挙などに影響することが懸念されており、メタとしては、これ以上の社会的な批判は避けたかったということもあるでしょう。

アマゾン独特の戦略

2023年4月にアマゾンは、画像生成ＡＩ「Stable Diffusion」にアクセスできるサービス「Amazon Bedrock」に加えて、ＣｈａｔＧＰＴのような文章生成ＡＩ「Amazon Titan」を発表しています。

ところで、アマゾンの事業展開を見てみると、「他のＧＡＦＡＭ企業のビジネスに手を出してみる」という傾向があります。過去には手を出したものの撤収状態になったものも、ウェブ検索やスマートフォンなど数多くあります。ただ、アマゾンの場合、クラウド事業の推進を考えると、儲かる事業にならなくても、ひとまず手を出すという戦略が合理的なのです。

アマゾンのクラウド事業で提供するサービスは、ストレージや仮想マシンなどの汎用的なものもありますが、特定の用途以外に需要がなさそうな特殊なサービスも含まれます。そうした特殊なサービスは、特定の大口顧客の要望で始める場合もあるかもしれませんが、アマゾン自身が、今後市場の拡大が予測される事業を始めて、その自社事業を通じて、クラウドに求められる要件やサービスを調査・実装し、それを外部の企業に提供するという割り切りもありえます。

現状、高性能なサーバ用プロセッサや、生成ＡＩの学習モデル構築やコンテンツ生成に利用できるＧＰＵは争奪戦になっていますが、アマゾンはプロセッサベンダーやＧＰＵベンダーにとっては大口顧客であり、アマゾンは優先的に供給を受けるはずです。生成ＡＩの学習モデルを構築するスタートアップ企業の場合、自前で大量のＧＰＵを確保することは困難であり、クラウド事業者を頼るしかなく、そのときクラウド事業の最大手であるアマゾンに頼るＡＩ系企業は多いと予想されます。

静観するアップル

アップルは他の巨大プラットフォーマーとは一線を画し、現状、生成ＡＩへの参入は発表しておらず、自社での生成ＡＩの開発については積極的にみえません。「遅れている」と批判する人もいますが、アップルにとっては積極的に生成ＡＩを開発する必要はなく、むしろ他社の生成ＡＩを利用する方が儲かるとみているのではないでしょうか。

スマートフォンを利用するとき、ウェブ検索を使うことは多いはずですが、多くの方はスマートフォンの初期設定のウェブ検索サービスを使い続けていると思われます。ウェブ検索サービスは、その検索連動広告により、大きな利益を生むサービスです。

そして、アップルのｉＰｈｏｎｅは、世界で最も多くの人が携帯しているスマートフォンであり、そのｉＰｈｏｎｅのデフォルトのウェブ検索サービスを提供すれば莫大な利益が期待できます。

ｉＰｈｏｎｅの初期設定では、グーグルがデフォルトのウェブ検索サービスとなっていますが、それはグーグルがアップルに多額の手数料を払っているからとされています。報道によると、グーグルのウェブ検索をiPhoneの初期設定にしてもらうために、グーグルがアップルに支払っている手数料は、近年、年間180億ドル（2兆7000億円）前後と推測されます（「日本経済新聞」2023年10月28日付）。つまり、アップルは自社でウェブ検索を開発・提供しなくても莫大な利益が入ってくることになります。

アップルは生成AIでも同じ状況を狙うでしょう。このためアップルにとって最良な状況は、今後、有力な生成AIが複数登場し、シェア争いとなるケースです。そうなればアップルがすべきことは、その中で最も高い手数料を提示した企業の生成AIをiPhoneの初期設定にすることだけです。

このように労せずに利益をえられるのは、アップルがスマートフォンという巨大市場で大きなシェアをもっているからです。まさに「ハードウェアを押さえた者が強い」ことの証左といえるでしょう。

GAFAM以外のプラットフォーマー

アメリカ以外の国に目を向けてみると、対話AIの開発で目立つのは、やはり中国です。グーグル、メタ、マイクロソフトと並んで、自然言語処理の研究者を多く雇っているのが、中国企業の百度（バイドゥ）とアリババで、それぞれ「文心一言」と「通義千問」という対話AIを発表しています。

当然のことながら、中国企業が対話AIを開発・提供するにしても、その内容や傾向は政府の免許制の範囲に限られます。出力内容にも政府の意向が反映される可能性は高いと考えておくべきでしょう。

EUの生成AI規制

生成AIが急速に発展・普及したことへの戸惑いや警戒感に加えて、生成AIは多様なリスクがあり、さらに社会に影響を与えることから、各国で生成AIへの規制が議論されています。

まず欧州の動きを見てみましょう。

EUは生成AIが台頭する以前から、AIを規制する法律を念頭に議論が進んでいました。EUのAI規制の特徴は、リスクベースアプローチを採用していることになります。これはリスクの度合いによって制限の仕方を変えるというものであり、以下の4つのリスクをあげています。

①「許容できないリスクのあるＡＩ」は人の生命や基本的人権に直接的な脅威をもたらすケースで、ＡＩの適用対象として禁止。

②「ハイリスクなＡＩ」は人の健康や安全、社会的・経済的に影響するケースであり、ＥＵが与える要件と事前適合性評価の準拠がＡＩ適用の条件となる。

③「限定的リスクのあるＡＩ」は人の対話や、生態的分類などを想定しており、透明性を証明する義務が課せられる。

④「最小リスクのＡＩ」は前の３つに該当しないケースであり、規制なし。

ＥＵの規制はあくまでＥＵ内のことで、日本は無関係と思われるかもしれませんが、ＥＵ圏を対象に市場投入されるＡＩとその提供者、販売者が対象になります。これは「ＥＵ一般データ保護規則（General Data Protection Regulation：GDPR）」と近い建て付けになります。ＧＤＰＲは日本で言うと個人情報保護法に相当し、個人情報の保護という基本的人権の確保を目的としています。このＧＤＰＲは違反時の制裁金が巨額なのですが、ＥＵのＡＩの規制は、ＧＤＰＲと同様に制裁金は高額で、その額は最大で、世界中の年間総売上げの７％または４０００万ユーロのうち高い方となります。逆に言えば、ＥＵのＡＩに対する厳しい姿勢が見られることになります。

一口に個人情報といっても、ＥＵと日本ではその情報の定義が異なります。ＧＤＰＲではＥＵを含む欧州経済領域（ＥＥＡ）域内で取得した「氏名」や「メールアドレス」「クレジットカード番号」などの個人データをＥＥＡ域外に移転することを原則禁止していますが、仮に日本の企業がＥＥＡ内の個人を念頭に情報収集し、ＧＤＰＲに違反した場合はその日本の企業にも高額な制裁金が科せられます。

ＥＵのＡＩ規制も、ＧＤＰＲと同様に、日本の企業がＥＵ向けに提供されたＡＩが、その規制に違反した場合、当該日本の企業にも高額の制裁金が科せられます。また、ＥＵ向けのＡＩの範囲であっても、ＡＩを利用したＥＵ向けの製品・サービスが対象に含まれることがあり、例えばＡＩを組み込んだ自動車や電気製品をＥＵ向けに輸出した場合も規制対象になる可能性があります。

さて、このＥＵのＡＩ規制に関する法律ですが、法律制定のプロセスは進行中です。２０２３年６月には欧州議会が「ＡＩ規則案」を採択しており、このあといくつかのプロセスはありますが、施行は2024年になるとみられます。

このAI規制は、2021年の時点で先のリスクベースアプローチを含む規制案の骨格が定まっていましたが、生成AIの急激な進化を受けて、生成AIによるコンテンツはAIの作成であると明記することなど、細やかな事項が盛り込まれました。罰則と同時にイノベーション支援も打ち出すなどの特徴もあります。欧州以外の地域でのAI規制を考える際の、ひとつの基準になっていくことは間違いないでしょう。

なお、GDPRはEU域外、特に米国の大手IT事業者から、EU在住者の権利利益を守ることを意図していたとされますが、EUのAI規制も同様の意図はあると考えるべきでしょう。ただ、そのGDPRは複雑な法制度のため、企業にとってその遵守は容易とはいえず、結果として法務担当者を大量に抱える米国の大手IT事業者に有利となり、GDPR導入後、むしろ米国の大手IT事業者の市場シェアが増えているという指摘もあります。EUのAI規制もEUの思惑通りにいくかはわかりません。

ところで、ChatGPTの大流行のさなかの2023年3月、イタリアが真っ先に利用禁止を表明して話題になりました（4月末に解除）が、これは利用者のデータ利用に関する説明不足や利用年齢の確認などを問題視したとされます。その意味では生成A

I特有の問題というよりも、ネットサービスとして問題視されたとみるべきでしょう。

米国のAI規制

米国は巨大プラットフォーマーや有力AI企業を有しており、米国におけるAI規制は国際的に大きな影響を与えることになります。

米国政府は2022年10月にAI権利章典を定めました。これは、国民が様々なサービスやリソースに公平にアクセスできる機会均等の権利の保障や、あらゆる差別・プライバシー侵害からの保護等を目的とする内容です。

その中身は、5つの原則、「安全で効果的なシステム」「アルゴリズム由来の差別からの保護」「データのプライバシー」「ユーザーへの通知と説明」「人による代替手段、配慮、フォールバック」への対策を求めるものです。

ChatGPTのブームの真っ最中となる2023年5月4日、米国政府は「責任あるAI（Responsible AI）」のイノベーションを推進し、国民の権利と安全を守るためのアクションを発表しました。

具体的には、①「責任あるAI」の研究開発のために国立AI研究機関を設立（予算は1億4000万ドル)、②既存の生成ＡＩの公開評価としてグーグル、マイクロソフト、オープンＡＩなどが責任ある開示の原則に沿ったＡＩシステムの公開評価に参加すること、③政府によるＡＩシステムの利用に関するポリシーガイダンス案を策定することが盛り込まれていました。

②と③については、2023年7月にホワイトハウスから、ＡＩで先行する米国企業7社——オープンＡＩ、マイクロソフト、アマゾン、Anthropic、グーグル、Inflection AI、メタの各社に対して「責任あるＡＩ」の実現に向けて、ＡＩの安全な開発のための自主規制に関する約束を取り付けたと発表されました。

なお、Anthropicは2021年に設立された生成ＡＩを開発する企業ですが、グーグルから4億5000万ドルの資金調達をうけています。Inflection AIは2022年に設立した企業ですが、囲碁の世界トップ棋士らを破り、一躍有名となった囲碁ＡＩ「AlphaGo」を開発した、グーグル傘下の「ディープマインド」の共同創業者の1人が設立に関わり、マイクロソフトなどから13億ドルを調達したとされています。

ホワイトハウス主導の自主規制に話を戻すと、自主規制を受け入れた各社は安全性、セキュリティ、信頼性という3つの原則に基づいた取り組みを約束したこととなります。

安全性については、ＡＩシステムを公開する前に、偏り（バイアス、偏見）などに関わるテストを実施し、リスク管理に関する情報を産業界や政府や学術コミュニティなどと共有することが含まれます。

セキュリティは、サイバーセキュリティ対策やＡＩ開発に関わる知的財産の保護などを行うことがあげられています。

信頼性については、コンテンツがＡＩによって生成されたことを利用者が認識できるよう、デジタル・ウォーターマーク（電子透かし）などの仕組みを開発することなどとなります。

米国のＡＩ規制で、企業の自主規制としているのは、ＡＩのように技術進歩による変化が速い領域では、政府による規制は向いていないからでしょう。しかし、その変化の速さが、自主規制に参加すべき企業の流動性を高めるとともに、自主規制されるべき内容も変化することから、規制すべき対象が規制されない事態が起きやすく、自主規制もまた機能するとは限りません。

こうした自主規制の問題に、政府が積極的に関与することで、いわゆる共同規制的な仕組みとして解決することを狙っているのでしょう。ただ、それには規制当局に高い機動性と広範な裁量を与える必要があり、それが規制強化を招く可能性もあります。

米国はイノベーションを重視する国ということもあり、日本では米国はＡＩの規制に消極的だという見方がありましたが、米国はこれまでもＡＩに関わる議論をしてきましたし、イノベーション以上に重んじているのが民主主義です。ＣｈａｔＧＰＴのような対話ＡＩ、生成ＡＩがフェイク情報を量産する危険性があり、生成内容が偏ることで国民の判断に影響を及ぼすなど、その存在が民主主義や選挙を脅かすとなれば、ＡＩに対してＥＵ以上に厳しい規制を行う法律を制定する可能性はあるでしょう。

規制議論に出遅れた日本

２０１６年５月に開催されたＧ７伊勢志摩サミットでは、日本が議長国として、ＡＩに関する議論を主導しました。Ｇ７におけるＡＩガイドライン案を契機として、ＯＥＣＤを含む国際的議論につながり、ＯＥＣＤのＡＩ原則の制定につながりました。ＯＥＣＤのＡＩ原則は、２０１９年に公表され、法的拘束力はありませんが、ＡＩの開発や運用に関する方向性を示すもので、５つの原則からなります。

●ＡＩの５原則

・ＡＩは、包摂的成長と持続可能な発展を促進し、人間や地球環境に利益をもたらすものでなければならない。
・ＡＩは、法、人権、民主主義、多様性を尊重し、公平公正で、偏りや不平等を最小限に抑えて、必要に応じて人的介入ができるようにすべきである。
・ＡＩの意思決定や行動は、透明性を確保し、責任ある情報開示を行うべきである。
・ＡＩの設計者と運用者は責任を持ち、リスク管理と安定・安全性を確保しなければならない。
・ＡＩの開発、普及、運用に携わる組織及び個人は、上記の原則に則ってその正常化に責任を負うべきである。

この原則はＯＥＣＤ以外の国際機関、各国・地域、企業、業界団体や市民団体のＡＩ議論に影響を与えました。

ところでＡＩに限らず、国際的なルール作りの場は、他国の立場も配慮しつつ、自国に有利なルールを如何に入れ込むかが重要です。そのためにはルールを作る段階で主導権を取ることは不可欠です。その意味で日本がＡＩ及びＡＩを組み込んだ製品・サービス、例えば自動車や電気製品で海外ビジネスを有利に進めるのであれば、ＡＩの規制作りには積極的な対応が不可欠なのです。

その後の日本国内におけるＡＩの議論は、内閣府、総務省、経産省などに設置した検討会で行われましたが、ＡＩに関わる社会原則の議論に向かうなど、ＡＩによる影響やリスク、そしてそれに対応した規制の在り方の議論が十分だったとはいえないようにみえます。規制の議論を避けた背景には、近年、日本では規制とイノベーションが相反するという発想が幅を利かせてしまったこともあげられるでしょう。

そうした状況の中、２０２３年５月のＧ７広島サミットでは、日本は再び議長国となりました。Ｇ７広島サミットに先だって行われたＧ７群馬高崎デジタル・技術大臣会合の閣僚宣言では、ＡＩをはじめとする新技術を利用する際、①法の支配②人権尊重③適正な手続き④民主主義⑤技術革新の機会の活用――の５つを重んじることが確認されています。

議長を務めた松本剛明総務相は「人類の可能性を広げる新しい技術について道を閉ざすべきでないという認識と同時に、適切なルール作りが必要であるとの認識は共有できた」とその意義を強調して見せましたが、規制するのか否かが不明確であり、抽象的なものになってしまいました。

日本は規制反対の立場を取りましたが、これまで見た通り、ＥＵは法律によるＡＩ規制の準備が進んでいます。米国については、日本政府は当初、米国も日本同様にＡＩの規制には反対すると想定していたようですが、Ｇ７広島サミットの直前に米国もＡＩ規制を表明することになり、日本は取り残されることになりました。

そして２０２３年中、つまり日本が議長国となっている間に、Ｇ７としてＡＩガイドラインのとりまとめを目指すことになりました。本書の執筆時点ではＧ７のＡＩに対するガイドラインは不明ですが、日本の意見が反映されるかは不透明です。

著者はＯＥＣＤがＡＩ原則を議論していた当時、ＯＥＣＤの別の委員会（研究データ倫理）のメンバーで、ＡＩ関連の議論を横で見る立場でした。その経験でいうと国際的な実務議論では、自国の主張を通すには、他国の主張に理詰めで反論する必要があり、そのために自国内での議論の積み重ねは不可欠です。

ＥＵはＡＩを規制する法律を作る方向ですが、法律を作るには精緻な議論が必要であり、ＥＵはＡＩに関する議論を数多く積み重ねてきたとみるべきでしょう。米国もＡＩ

権利章典という具体的なAI指針を作り、さらに「責任あるAI」に関する議論を続けていました。

一方、日本は議長国であり、AIガイドラインの議論では有利な立場とはいえ、議論の積み重ねが少ない状況です。日本がEUや米国との議論において、日本の意見を通せるかは難しいようにみえます。

さらにG7のひとつ英国は、2023年11月に世界の首脳を集めて「AI安全サミット」を開催することを表明しました。これを機に、G7のAIガイドラインが形骸化する可能性もあります。なお、英国は街中に多数の監視カメラを設置するなど、EUと比べると、AIを用いた市民の監視に熱心ともいえ、中国などの参加を呼びかけることも考慮しておくべきでしょう。

規制がイノベーションを生む

日本がAIの規制に後ろ向きとなっている理由には、規制とイノベーションは相反し、規制をかけるとイノベーションが進まないという発想があるようです。しかし、現実には、規制が大きなイノベーションを生んだ事例はたくさんあります。

例えば米国は、1970年に厳しい自動車排ガス規制を導入しましたが、対応に及び腰だった米自動車メーカーを横目に、ホンダ、そのあとに他の日本の自動車メーカーが規制に準拠したエンジンを作り上げ、日本車が世界市場で躍進する契機となりました。これは規制がイノベーションを生み出し、それが市場を獲得できた事例です。しかし、いまの日本は企業も政府も「規制があるとイノベーションは生まれない」という思い込みから抜け出せずにいます。

もちろん、AIへの規制が短期的であれば、規制を避けることは正解かもしれません。しかし、生成AIを含むAIの多様なリスクや影響を考えるとAIへの規制は不可避であり、さらにその規制はこれからのAI社会の基礎として長期に存続する可能性が高いはずです。

そうなれば、生き残るのはAI規制に準拠させるためのイノベーションを進めた企業や国になります。逆に規制に後ろ向きだと、1970年以降の米国の自動車メーカーと同じ運命を歩むことになります。

しかもその規制の対象はChatGPTのようなAIサービスそのものだけでなく、AIを組み込んだ製品やサービス、例えば自動車や家電製品に及ぶことを忘れてはいけません。少なくとも日本の「緩いＡＩ規制」に準拠したＡＩが組み込まれた製品やサービスは欧米では違反とされ、販売できないという可能性が出てきます。

逆風にどう立ち向かうか

現在、生成ＡＩ、特に対話ＡＩに関しては、ＣｈａｔＧＰＴが独走といえる状態になっています。ただ、オープンＡＩがＧＡＦＡＭを大きく引き離しているとは断言できません。むしろＧＡＦＡＭの中には、戦略的に対話ＡＩの分野では目立たないようにしている企業がある可能性も否定できません。その背景にあるのは、生成ＡＩに対する警戒感、そして社会的批判、そして規制という逆風です。

逆風が吹いているとき、先頭を走るランナーは一番強くその逆風を受けて、体力を失います。むしろ先頭ランナーの背後を走った方が、体力を温存できます。逆風が吹き止んだときは、その温存した体力を使って追い抜いた方が有利ともいえます。

対話ＡＩは急速に発展・普及したこともあり、極めて強い逆風が吹いています。巨大プラットフォーマーや周辺企業は、対話ＡＩで先頭を走るオープンＡＩに逆風を受け止めさせ、その間に対話ＡＩの研究開発を進め、逆風がおさまったら、一気にスパートをかけるのかもしれません。

実際、グーグルとメタは対話AIを開発・公開して、技術力は誇示しましたが、その対話AIは開発中や実験中というスタンスをとり、批判や逆風を避けています。オープンAIのスポンサーとなっているマイクロソフトも対話AIの開発能力はあるでしょうし、少なくとも巨額の投資の見返りにオープンAIから生成AIの知見を得ているはずです。しかし、オープンAIの背後にまわって、逆風を避けながら、ChatGPTを利用した法人向け・個人向けのビジネスを進めているのです。ただ、逆風が吹き止んだとき、マイクロソフトとオープンAIの関係性がどうなるのかはわかりません。

巨大プラットフォーマーは、生成AIについて、オープンAIにすべてを任せきれるわけではありません。ChatGPTによるエコシステムの構築が進んでしまうと、巨大プラットフォーマーといえども逆転するのが難しくなり、オープンAIがそのまま先頭を走り続ける可能性もあります。

さらに考えるべきは、本章で説明したAIへの規制です。自社に有利に規制を作らせるためには、規制当局と向き合う必要があります。このため巨大プラットフォーマーは、突然アクセルを踏むかもしれません。

逆風がやんだときは、いまとは状況が一変しているかもしれません。逆風にあおられて違う方向に進む可能性もあるでしょう。逆風の中、風上に立っている事業者は、逆風がおさまれば捨て駒としてお役御免になっているかもしれません。

第8章

AIを
真に使える社会へ

生成ＡＩの技術的方向性

本書では生成ＡＩの課題や影響など、負の側面も含めて論じてきました。最終章では今後の動向について考えていきます。

前章で述べたように、生成ＡＩには規制という強い逆風が吹いており、規制のあり方が、生成ＡＩの今後に大きく影響することになります。

規制の背景として、生成ＡＩによる虚偽情報の出力、中立性の問題、著作権問題、情報漏洩、不正利用情報取得などへの懸念があげられていますが、いずれも起きうる問題であり、生成ＡＩを規制する理由は十分にあるといえます。従って、ＡＩへの規制の是非よりも、各国政府にとってはＡＩにどのような規制をかけるべきか、企業にとってはＡＩ規制に合わせてどんなイノベーションを進めて、どのようなビジネスをするかが関心事となります。

仮に規制の目的が、ＡＩの性能や精度を上げる方向にインセンティブを与えることだとすると、一定の基準になるまで市場に出さないという考え方もあります。一方で、トラブルを起こす可能性がゼロでないにしても、ベネフィットの方が多いのであれば、市場に出しつつ、トラブルが起きた際の責任を求めるという考え方もありえます。両者のバランスが求められます。

一方で、既得権益を守るための規制も出てきてしまうでしょう。ＡＩが特定の業種や職種に不利に働く場合、その業種や職種からは、ＡＩの導入を阻むための規制を求める声が出てきやすいものです。こうした場合、その規制は、ＡＩによる社会的な影響の大きさより、既得権益者の影響力や政治力の大きさに依存しやすく、用心しなくてはいけません。

ＣｈａｔＧＰＴが登場したのが２０２２年11月末。画像生成ＡＩは２０２２年から急速に普及しましたが、まだまだ発展中の技術です。ＣｈａｔＧＰＴや同様の対話ＡＩを含む生成ＡＩの技術の課題や方向性を考えてみましょう。

文章データの枯渇とマルチモーダル化

生成ＡＩの中でも、対話ＡＩは学習モデルを巨大化することで性能・精度を上げてきましたが、訓練データとなる良質な文章データが限られており、学習モデルの規模の拡大には限界がみえています。ＣｈａｔＧＰＴを提供しているオープンＡＩも、これ以上学習モデルを大きくする予定はないと明言しています。今後、対話ＡＩが生成した文章がウェブに広がると、対話ＡＩが生成した品質が高いとはいえない文章データを学習してしまい、さらに、学習モデルの品質も下がる可能性があります。

一方、訓練データ不足とは直接関係ありませんが、プロンプトの文字数の拡大は、応用を広げる上では地味ながら重要です。例えばプロンプトが10万字以上の文字数を扱えれば、書籍そのものの要約ができるようになります。

また、オープンＡＩは２０２３年９月25日、ＧＰＴ４をベースにしたＣｈａｔＧＰＴに画像解析機能と音声出力機能を付加した、ＧＰＴ４Ｖを発表しています。一言でいうとＣｈａｔＧＰＴに目と口を与えたものであり、利用者は画像とテキストで質問をすることができ、ＣｈａｔＧＰＴは音声で答えることもできます。テキスト・音声・画像での、入力・出力など、複数の手段（マルチモーダル）での利用が可能となる生成ＡＩが、今後は登場してくるでしょう。

意味を扱うことは可能か

現在の対話ＡＩにおける、単語という記号同士のつながりを扱う言語モデルによる文章生成は、前述の訓練データ不足もあり、限界が見えてきたという指摘もあります。

また、対話ＡＩは、単語の「意味」は扱っていません。例えば「赤いリンゴ」は「赤」と「リンゴ」という単語を繋いだものと扱われますが、それが何を意味するかは感知していません。

今後考えられるのは、単語を単なる記号として扱うのではなく、何らかの意味を扱える学習モデルへの拡張です。例えば単語「赤」に対して、画像的な赤色の情報、単語「リンゴ」に対して、画像的にリンゴの形状を与える方法です。

文字だけでなく、画像や音声を組み合わせる意味では、学習モデルそのものをマルチモーダル化する方向といえます。このように記号を意味空間に接地させるという意味で、これを専門的には「セマンティック・グラウンディング」といいます。ただ、抽象的な意味を扱える段階にはほど遠く、人間でいうところの「意味を理解する」とはほど遠いといえます。

非言語情報への対応

対話AIは、言語化された情報しか扱うことができません。一方、人間が行うさまざまな事象において、言語化されているものはほんのごく一部にすぎません。これをロボットやAIに置き換えようとすれば、すべてを言語化して、細かく指示しないといけません。

例えば料理のレシピには、「塩、醬油、砂糖を少々」という記載があります。こうした記載が許されるのは、塩、醬油、砂糖をどの順番でいれるのか、「少々」とは何グラムなのかが言語化されていなくても、レシピを読む人はわかっているという前提、つまり常識があるからです。

こうした言語化されていない情報は世の中に多く、AIで自動化させるときに大きな障害となります。逆にいえば言語化されていない情報を多少なりとも扱えるAIがあれば、そのAIには大きな市場があることになります。言語化されていない情報を扱えるAIは海外においても商品化・サービス化が進んでいないので、大きなビジネスチャンスがあることになります。

生成ＡＩのオープンソース化

画像生成の Stable Diffusion の発展は、オープンソース化されたことで、世界中の技術者や研究者が改善に加わり、生成精度が上がりました。このようにオープンソース化はいい面もあるのですが、一方では誰もがそのソースをもとに生成ＡＩを作れてしまうことが問題になることがあります。

例えばソースを改造して、精巧なフェイク情報に特化した生成ＡＩや、差別表現、暴言ばかり出力する生成ＡＩを作る組織や人が出てくる可能性があります。

フィードバックによる学習

生成ＡＩの限界は、出力した情報の妥当性を自ら判断できないところにあります。つまり「本で勉強しただけの実務経験のない頭でっかち」の状態です。

出力した情報をフィードバックし、さらに入力情報とすることで、自ら出力の妥当性を判断できるようにして、出力精度を上げるＡＩも登場する可能性があるでしょう。人間が、学んだことを試すことで、学んだ情報を取捨するのと同じです。ただ、ＡＩの学習のために現実世界に試行錯誤的に影響を与えるのは難しいといえ、むしろゲームやメタバースのような仮想世界における生成ＡＩがフィードバック的学習をいち早く取り入れやすく、進化する可能性があるでしょう。

分野特定型の対話ＡＩ

ＣｈａｔＧＰＴは汎用な対話ＡＩであり、業務に求められるような専門性はありません。一方、法律や医療など、特定の専門性に特化した対話ＡＩがあれば、ニッチでもより確実な市場性がある、という考え方があります。

ただし、専門特化した対話ＡＩが、その専門分野で汎用の対話ＡＩに優るとは限りません。まず機械学習は多分野の文章を学習することで、分野を超えた文章生成における特質を見つけることがあり、その意味では多様な分野の文章を学習した方がいいことになります。

また、ある分野の学習を別分野に利用する、転移学習と呼ばれる手法があります。多分野で集めた大量の訓練データによる学習モデルの能力を特定分野に利用することもできます。このため、専門特化した対話ＡＩを提供するとしても、その専門分野だけを学習すればよいとは限らず、比較的幅広い分野を学習させる必要が出てくるでしょう。

ところで、ChatGPTが人気を集めたのは多様な分野を扱えるという汎用性があったからであるはずです。つまり、ChatGPTを使えるようになれば、仕事の文章もプライベートの文章も生成できるという利便性を忘れるべきではありません。

流行を追うべきか

生成AIは深層学習と呼ばれるAI手法を使っています。深層学習の元となった技術は、1980年代後半に注目されたニューラルネットワークと呼ばれていた技術であり、そのニューラルネットワークを多層に重ねたのが深層学習です。

1980年代、ニューラルネットワークで、最先端かつ一番活発に研究していたのは日本でした。しかし、ニューラルネットワークのブームが終わり、研究的にも停滞すると、多くの研究者は手を引いてしまいました。

その中で、ニューラルネットワーク研究を止めずに続けたのが、トロント大学のジェフリー・ヒントン教授（当時）であり、2010年代、ヒントン教授は深層学習の考案者の一人となります。

日本は流行している技術に注目しがちで、流行を後追いするプロジェクトに、研究者も予算も「選択と集中」させてしまいます。しかし多くの場合、流行が見えた段階で海外は先行しているので、後追いしても勝てるとは限りません。むしろ流行からは独立して、多様な研究を進めて、その中から新しい芽を見出すことが重要です。その意味では、本書の内容とは矛盾しますが、生成ＡＩ、特にＬＬＭ以外の技術に注目した方が、価値があるかもしれません。当方自身も、研究者としては生成ＡＩには興味がないことを申し上げておきます。

コラム●生成ＡＩの業務利用は進んでいるのか

ＣｈａｔＧＰＴの公表は２０２２年11月末ですが、ＣｈａｔＧＰＴを利用したビジネス活用が本格化したのは、ＡＰＩ利用が可能になった２０２３年３月以降でした。同年４月になると、マイクロソフトなどを中心に、企業でＣｈａｔＧＰＴをビジネス向けに使うため、企業特有の情報を含む文章を生成するソリューションやサービスが始まりました。企業向け対話ＡＩを用意することで、プロンプトの内容がオープンＡＩを含む外部に漏れることを避けるというものです。

しかし、2023年9月の段階で、導入した企業では、導入における課題とその解決策などを含む、ベストプラクティスが見えていないというのが実状だと思います。この結果、本書の執筆時点（2023年9月）では、ChatGPTを含む生成AIの実際的な効用や限界が曖昧であるがために、生成AIへの期待だけが膨らんでいる状況かもしれません。もちろん、ChatGPTのビジネス向け応用が始まってから日が浅いということはありますが、不思議な状況です。

今後、マイクロソフト365のようなオフィス向けアプリケーションやサービスに、生成AIが使われることから、企業においても生成AIが普及しないということはないといえます。その背景として、生成AIを企業向けカスタマイズするには、その企業の言葉や文章を選んで学習させる必要がありますが、その作業は数カ月で済むとは限らないことが挙げられます。また、業務利用に関しては、企業が求める品質と生成AIの実状とのズレ、企業が特定分野の文章を求めているのに対して、生成AIが生成できる文章が一般的すぎるなどのギャップがある可能性があり、落ち着いて見ていった方がいいという印象です。

生成AIは何を生成すべきなのか

本書は生成AIに着目しましたが、そもそも生成AIに求められる生成コンテンツとは何なのでしょうか。第4章で「出力の偏り」について述べました。恣意的に偏った訓練データを使った場合などに言及しましたが、データを歪めずに正しく使っているからこそ、世の中にとって望ましくない結果が出てしまうことがあります

例えば、融資やローンを組む際の与信評価は、男性が有利だとされています。人間が判断した結果そうなった場合は差別であると言えますが、AIが評価してもやはり男性の方が高い評価になります。

なぜかと言えば、これまでの過去のデータ上、所得額が高いのは男性だからです。その判断に基づいて男性に高い評価を与え続ければ、男女の与信格差はさらに広がってしまいます。つまり機械学習を含め、現実世界に関するデータに基づく判断というのは、現実世界の歪みを温存、または広げてしまうのです。

しかし、社会的な不公平を正そうとすると、データまたは評価基準を歪めることになります。

これは生成AIによるコンテンツの生成にもあてはまります。訓練データが現実世界

を反映したものであれば、生成ＡＩにより生成されたコンテンツは現実世界に存在する「偏り」を反映していることになり、そのコンテンツを利用する者は結果として、その偏りを助長するかもしれません。

なおＣｈａｔＧＰＴの場合、この偏りを避けるためか、社会的に評価が定まっていない事項を質問すると、ひとつの評価に限定せずに、両論併記的な回答を作る傾向があります。一見、公平に見えますが、世の中の多数派がその両論の片方の評価を支持しているとしたら、両論併記的な回答もまたバランスとしておかしいともいえます。

結局、生成ＡＩが生成するコンテンツには正解があるとは限らず、多くの場合、利用者自身が自らの価値観でコンテンツを選別・咀嚼していくしかないのです。その意味で、生成ＡＩの利用者は、生成したコンテンツの間違いを見つけるだけではなく、バランス感覚や社会規範などの広範な知見を求められるのです。

強権的国家と生成ＡＩ

また、第4章では、ＣｈａｔＧＰＴの出力がリベラル寄りであることや、その背景について述べました。生成ＡＩは、その出力を恣意的に偏らせることが容易です。これは強権的な国家にとって、極めて魅力的にみえるはずです。強権的な国々は、国民がその政権に反する国内外の情報に接することを避けるために、情報統制を行うことが多いとされます。生成ＡＩに、政権に賛同するウェブの文章を学習させ、逆に政権に批判的な文章を学習対象から外せば、政権に都合のいい情報を作る装置になります。

さらに、生成ＡＩが普及した世界では、利用者は生成ＡＩの出力に満足し、ウェブ検索を利用せず、その出力の元となったウェブサイトを見にいかなくなる可能性がありま す。つまり国民が他の情報を見なくなる、または見る機会を減らすことになります。強権的な国々は、国民へ、政権に都合がいい情報しか生成しない、この生成ＡＩだけを使うよう、仕向ければいいことになります。都合の良い情報空間に国民を閉じ込めておけるので、強力な情報統制装置になります。結果として、強権的な国々の人々は自国以外の情報に接することが減り、世界とのデカップリングが進むことになります。

生成ＡＩを構築・提供するのは技術的に簡単とはいえません。そのため、すべての強権的な国々が、政権に都合の良い生成ＡＩを国民に提供できるとは限りません。そうした国々は、やはり強権的で、偏った生成ＡＩを提供できる国から、その国ごとにチューニングされた生成ＡＩの提供を受ける可能性があるでしょう。

ただ、このとき生成ＡＩを提供した国は、その提供を受けた国の情報統制を担うことになり、それは同時に提供を受けた国の世論をコントロールできることになります。また、その生成ＡＩは、仮に他の強権的な国向けにチューニングされたものだったとしても、提供した国を批判する情報は引き続き制限するでしょう。するとある特定の強権的な国が提供した生成ＡＩが多くの国に広まれば広まるほど、生成ＡＩを提供した国が望まない情報を与えられない人が、その国以外にも増えていくことになります。

このようにして、生成ＡＩが新たな国家覇権の手段になると同時に、利用する生成ＡＩによりブロック化された情報空間を形成していくことも思慮しておくべきです。

生成ＡＩはバベルの塔なのか

現在、ＣｈａｔＧＰＴは、すべての言語ではありませんが、英語や日本語を含めて複数の言語で利用できます。このため、ＣｈａｔＧＰＴの多数の利用者は母語だけで完結していることが多いでしょう。ＣｈａｔＧＰＴに日本語で質問すると、それが海外に関する情報でも、ＣｈａｔＧＰＴは日本語で回答してきます。一方、ウェブ検索では質問に関わるウェブページが結果として返されますが、そのウェブページは英語などの外国語、つまり日本語以外も含まれます。

ところで、我々が外国語を学んできた理由はいくつかありますが、ここでは二つあげましょう。一つ目は、海外の方々とのコミュニケーション。二つ目は、知識の習得――海外の情報を知るには外国語で書かれた情報を読む必要があるということです。

外国語の中でも、英語は世界共通語です。多様な国の人と話すことができ、同時に科学技術はもちろん、多くの情報が英語で記載されていることで、英語ができれば、多様な情報を知ることができます。

しかし、ＣｈａｔＧＰＴのような生成ＡＩにより、母語で質問して母語で教えてもらうのであれば、知識や情報を得るために外国語を学ぶ必要性は減ってくることになります。少なくとも、世界共通語の英語の地位は下がるのではないでしょうか。

この状況はバベルの塔の話に重なります。バベルの塔は旧約聖書の「創世記」にあらわれる物語であり、人類は同じ言葉を話していたが、その人類が塔をつくり神に挑戦しようとしたので、神は人々の言語を乱し、通じない違う言葉を使わせるようにしたという話です。

生成ＡＩにより、人類はバベルの塔のように世界共通語を失う可能性があります。

もちろん、深読みしすぎた予測に思えるかもしれませんが、強権的な国々の場合、国民が海外の情報に接することで反政府的な思想を持つことをおそれつつも、欧米などの先端技術を取り入れるために、英語を理解できる国民を増やす必要があるという矛盾した状況にあります。

生成ＡＩを通じて、国民が英語を知らなくても欧米などの先端技術を取り入れられるのであれば、英語教育をしないという判断をする国が出てきてもおかしくないでしょう。

この場合、前述のような生成ＡＩによる情報統制による世界のデカップリングだけでなく、自然言語においても世界はデカップリングが進む可能性があります。その場合、世界では別の国の人に情報が入らなくなり、世界がつながっていなかった中世以前に戻るともいえます。

また、英語が世界共通語になったのは第二次大戦後であり、英米という主要戦勝国の言葉、つまり英語が世界標準語になったといえます。生成ＡＩの登場により、その英語の世界共通語という地位が下がるとしたら、それは第二次大戦後の世界のスキームの終わりも意味するかもしれません。

おわりに

以前、特撮によるテレビ連続ドラマがＡＩをフォーカスすることとなり、ＡＩ技術アドバイザーをさせていただいたことがあります。そのときに最初にお願いしたのは、「ＡＩが暴走するストーリーはやめましょう」という点と、「昨今のＡＩは機械学習が主流で、良くも悪くもデータ次第であることを子供たちに伝えたい」、ということでした。

実際、ＡＩロボットそのものはヒーローでも悪者でもなく、いいデータを学習すれば正義の味方、悪いデータを学習すると悪者になるという設定になりました。しかし、番組をご覧になっている方からは、他のＳＦのようにＡＩが暴走して人類を危機に陥れる展開になっていないことから、ＡＩの設定が間違っているという指摘を何度かいただきました。

しかし現実には、ＳＦのように暴走するＡＩを作るのは簡単ではありません。少なくとも人間が大局的な目的を与えた際に、ＡＩ自身がその目的を実現する手順を見出し、それを実行するような段階のＡＩでないと暴走は難しいですが、まだその段階には至っていません。

さらに、現実世界に影響する装置は二重三重に安全装置をいれますし、仮に暴走や故障が起きても、全体としては安全なほうに倒れるように作ります。従って、恣意的に危険なＡＩを作るのであればともかく、意図せずに人類を危機に陥れるようなＡＩにはなり難いというのが実状でしょう。

さて生成ＡＩの場合、単に利用者のプロンプトに応じて文章や画像を生成するだけであり、その生成した文章や画像が想定を超えるものになる可能性はありますが、手順を考えてくれるわけではありません。また、生成ＡＩの応用事例の大半は人間が介在することが前提になっています。従って現在の生成ＡＩでは、ＳＦのように暴走する事態は起きないと言っていいでしょう。

ところで、ＣｈａｔＧＰＴを開発したオープンＡＩは汎用ＡＩを作ることを目標にしているそうです。ここで汎用ＡＩというのは、人間が実現可能なあらゆる知的作業を理解・学習・実行することができるＡＩのことです。しかし、現状のＡＩは非常に初期的な段階であり、数多くの画期的な技術革新がないと汎用ＡＩは作れないでしょう。このため私たちは、汎用ＡＩに到達する前の段階のＡＩで何ができるかを考えた方がいいでしょう。

また、現実的にはＡＩの暴走よりも、人間がＡＩに過度に依存してしまう状況を危惧すべきです。

「人間は考える葦である」はフランスの哲学者、パスカルの言葉です。葦は水辺に育つ、弱く細い草のような植物であり、パスカルは著書の中で「人間は自然の中では葦のように弱い存在である。しかし、人間は頭を使って考えることができる。考える事こそ人間に与えられた偉大な力である」としています。

考える事には時間も労力もかかりますが、自ら考えず、ＡＩから与えられた情報を信じ、ＡＩが推奨したことに従うだけだとしたら、ＡＩに支配されているのと同じになってしまいます。

現状、ＣｈａｔＧＰＴを含めて生成ＡＩの現状は、生成ＡＩに対する「期待」が作り出したブームの中にあります。ブームだと冷静に見られなくなりますが、所詮、生成ＡＩは道具に過ぎません。道具の特性と限界を知って、人間が主体的に生成ＡＩを使うことが重要となります。

また、本書では生成ＡＩのリスクや懸念事項に数多く触れましたが、生成ＡＩは道具としては強力なため、使い方を間違えると、利用者本人や社会を傷つけます。道具の効用だけでなく、限界と危険性を知ることも重要です。

本書の執筆にあたっては、中央公論新社の疋田壮一さん、ライターの梶原麻衣子さんに大変お世話になりました。両氏のサポートがなければ本書は書き上げられなかったといえます。深く感謝申し上げます。ありがとうございました。それから、本書の執筆においてはＣｈａｔＧＰＴは下書きを含めて利用していないことも申し添えておきます。

構成／梶原麻衣子
図表／明昌堂
本文DTP／市川真樹子

佐藤一郎　Sato Ichiro

国立情報学研究所 情報社会相関研究系・教授。1991年慶應義塾大学理工学部電気工学科卒業。96年同大学大学院理工学研究科計算機科学専攻後期博士課程修了。博士（工学）。96年お茶の水女子大学理学部情報学科助手、98年同大学助教授、2001年国立情報学研究所助教授を経て、06年から現職。このほか、デジタル庁「政策評価有識者会議／行政事業レビュー（旧事業仕分け）」座長、経産省・総務省「企業のプライバシーガバナンスモデル検討会」座長等を歴任。テレビ朝日系列『仮面ライダーゼロワン』（2019年9月～20年8月）のAI技術アドバイザーも務めた。

中公新書ラクレ 804

ChatGPTは世界《せかい》をどう変《か》えるのか

2023年12月10日発行

著者……佐藤一郎《さとういちろう》

発行者……安部順一

発行所……中央公論新社
〒100-8152 東京都千代田区大手町1-7-1
電話……販売 03-5299-1730　編集 03-5299-1870
URL https://www.chuko.co.jp/

本文印刷…三晃印刷　カバー印刷…大熊整美堂　製本…小泉製本

Published by CHUOKORON-SHINSHA, INC.
Printed in Japan ISBN978-4-12-150804-1 C1204